KB091511

ChatGPT로
시작하는 대화형
인공지능 활용법

ChatGPT로
시작하는 대화형
인공지능 활용법

김상윤 지음

에이콘출판의 기틀을 마련하신 故 정완재 선생님 (1935-2004)

ChatGPT 입문서로서 체계적으로 구성된 책입니다. ChatGPT를 처음 접하는 분들, ChatGPT가 무엇인지 궁금하신 분들, ChatGPT를 활용하고자 하는 분들께 훌륭한 지침서로 추천합니다. 이 책의 친절한 안내를 따라 하면 ChatGPT를 쉽게 이해하고 활용할 수 있을 것입니다.

— **조남욱,** 서울과학기술대학교 교수, 공학 박사

시중에 다양한 종류의 훌륭한 ChatGPT 서적들이 있습니다. 모두 비슷해 보이지만 내용을 살펴보면 창업, 교육, 미래, 기술 등 용도나 목적이 누구를 대상으로 하는지 구분됩니다. 이 책은 ChatGPT를 어떻게 사용할 수 있는지 방향성을 제시한다는 측면에서 강력한 장점이 있습니다.

— **이성현,** 한국의약품안전관리원 기획경영본부장, 경영정보학 박사

ChatGPT는 쉽게 입문할 수 있지만 엉뚱한 답변으로 인해 활용성에 의문을 가질 수밖에 없었습니다. 그러던 중 이 책을 통해 ChatGPT와의 의사소통 방법을 몰랐다는 것을 알게 되었습니다. 입문에서 활용까지, 그리고 새로운 서비스 모델을 기획하시는 분들에게 추천해 드립니다.

— **김미경,** 정보관리기술사, 정보보안 박사 수료, 블록체인 등 보안경력 20년

ChatGPT를 다양한 채널에서 다루고 있지만 체계적으로 활용까지 정리한 자료를 찾아보기는 어려웠습니다. 인공지능의 개념과 발전 과정, ChatGPT가 시장에 끼친 영향까지 이 책을 통해 알 수 있습니다.

— **김진수,** 정보관리기술사, 카카오 엔터프라이즈, 클라우드 개발 등 경력 16년

초보자를 위한 ChatGPT 서적입니다. IT 기술에 대한 배경지식이 많지 않더라도, 기술적 개념과 원리 등을 쉽게 접근할 수 있도록 잘 풀이되었습니다.

— **박권삼,** 경영정보학 석사, SW개발 경력 15년

AI에 관심이 많아지는 지금 ChatGPT는 AI 기술 중에서도 뛰어난 자연어 이해 능력을 통해 혁신적인 변화를 가져올 것으로 기대됩니다. 이 책은 ChatGPT의 탄생과 그 과정을 설명하고 있으며, ChatGPT를 처음 접하는 사람들에게 사용법을 알려줄 수 있는 좋은 안내서라고 생각합니다.

— **장태훈,** 디지털포렌식, DLP 등 보안시스템 개발경력 22년

지은이 소개

김상윤(slypuma@daum.net)

컴퓨터공학을 전공으로 공학사, 공학석사 학위를 취득하였다. 현재 박사 학위 과정 중이며 국제학술지에 SCI급 논문을 발표하였다.

약 17년 이상 정보화 사업 기획, 관리, 보안 등의 업무를 경험하였으며, 10년 이상 SW 설계 및 개발업무를 수행하였다. 정보관리기술사와 정보시스템 수석감리원 자격도 취득하였다.

ChatGPT에 처음 접속하고 나서 막막함이 밀려왔습니다. 다들 놀랍다고 하는데 몇 번을 대화하고 나니 더이상 무엇을 해야 할지 알 수 없었기 때문입니다. 이 책은 그런 분들을 위해 준비했습니다.

인공지능과 ChatGPT를 가능한 한 쉽게 이해하고 사용할 수 있도록 구성하였습니다. ChatGPT를 처음 접하는 독자들은 ChatGPT 활용 사례와 요약, 번역, 영어 회화, 플러그인 사용법 등 활용 방법을 다양하게 접할 수 있도록 구성하였습니다. 이미 ChatGPT를 사용해 본 경험이 있는 독자들에게는 엑셀, 파워포인트 활용과 그림 그리기, 동영상 제작, 하이퍼파라미터, GPT API, 플레이그라운드 등 다양한 서비스를 소개하고자 노력했습니다.

이 책은 목차와 상관없이 읽을 수 있습니다. 1, 4, 5, 7장은 따라 하면서 실습할 수 있는 부분이며, 2, 3, 6장은 개념 및 이론에 관한 내용입니다. 순서에 상관없이 읽고 싶은 부분부터 시작하시면 됩니다.

독자들의 상황이 각자 다른 점을 고려해 다양한 계층의 전문가들에게 감수를 받았습니다. 그럼에도 불구하고 개선 사항이나 궁금한 사항이 있다면 언제든 저자의 이메일로 연락 주시길 바랍니다.

마지막으로 에이콘출판사의 독자에서 저자가 될 수 있도록 도와주신 권성준 대표님께 감사드립니다.

— **김상윤**

차례

간단 목차

ChatGPT의 정의

ChatGPT는 OpenAI[1]에서 GPT 모델[GPT, Generative Pre-trained Transformer][2]을 기반으로 개발한 챗봇입니다. 인공지능 기술을 사용하여 대화를 자동으로 생성할 수 있는 프로그램으로, 많은 양의 대화 데이터를 기반으로 학습하여 자연스러운 대화를 제공할 수 있습니다.

---

1   인공지능 연구 기업으로 GPT와 ChatGPT 등의 인공지능 모델을 개발하고 공개하여 대중과 연구자들이 이를 활용할 수 있도록 지원하고 있습니다.

2   인공지능의 한 종류입니다. 대규모 자연어 처리 모델로, OpenAI에서 개발하였습니다. 대량의 데이터를 학습하여, 이를 기반으로 새로운 문장이나 단어를 생성하고, 자연어 이해, 번역, 요약 등 다양한 자연어 처리를 수행할 수 있습니다.

ChatGPT의 특징

ChatGPT는 자연어 처리 기술과 인공지능 기술을 결합하여, 사람과 대화하는 것처럼 자연스러운 대화를 생성하고 응답하는 것이 가능합니다. 특히, 최근 코로나19와 같은 대유행으로 인해 비대면 서비스의 중요성이 더욱 부각되면서 챗봇을 활용한 자동 응답 시스템이나 가상 상담원 등의 분야에서 ChatGPT가 널리 활용되고 있습니다.

또한 온라인상의 다양한 서비스나 애플리케이션에서 고객 서비스, 상담, 광고 등 다양한 목적으로 사용할 수 있습니다.

하지만 ChatGPT가 완벽한 인간 수준의 대화를 보장하지는 않으며, 때로는 오류가 발생하거나 부적절한 응답을 할 수도 있습니다. 이러한 문제점을 극복하기 위해서는 데이터 학습과 모델 성능 개선 등의 기술적 발전이 필요합니다.

ChatGPT의 정의와 특징을 살펴보았습니다.

지금까지의 내용 중에는 사람이 작성한 것과 ChatGPT가 작성한 것이 섞여 있습니다.

어떤 부분이 사람이 작성한 것인지 구분할 수 있나요?

사실 14페이지의 간단 목차부터 ChatGPT의 특징까지의

모든 내용은 ChatGPT가 작성하였습니다.

저는 ChatGPT에게 질문을 한 뒤, 답변을 보기 좋게 배치했을 뿐입니다.

자연스러워 보이셨나요?

여러분도 어렵지 않게 따라 할 수 있습니다.

시작하겠습니다.

ChatGPT로 시작하는
대화형 인공지능 활용법

이 책이 다른 책과 같은 점은 다음과 같습니다.

- ChatGPT에 대한 개념, 이론, 사용 방법을 소개합니다.

이 책이 다른 책과 다른 점은 다음과 같습니다.

- 해외 논문, 관련 전문 서적 등을 참고하여 쉽게 작성했습니다.
- 활용법, API, 플러그인 사용 등 구체적이고 실질적인 방법을 설명합니다.
- 그림 그리기, 번역 등 ChatGPT 외 다른 대화형 인공지능 서비스를 소개합니다.

1분 만에 사용하는 ChatGPT

1장에서는 ChatGPT를 처음 사용하는 분들을 대상으로 회원가입과 사용 방법을 소개합니다. 순서대로 따라 한다면 1분 안에 ChatGPT를 사용할 수 있습니다. 준비해야 할 것은 이메일과 핸드폰 2가지입니다. ChatGPT를 사용해본 적이 있다면 이번 장은 넘어가서도 좋습니다.

1장에서 다루는 내용

- ChatGPT 회원가입
- PC에서의 ChatGPT 사용 방법
- 모바일에서의 ChatGPT 사용 방법

1.1 ChatGPT 회원가입

검색 사이트에서 "ChatGPT"를 입력하거나 아래의 주소를 입력합니다.

- ChatGPT 접속 주소 : https://openai.com/blog/chatgpt

그림 1.1 ChatGPT 접속 화면

그림 1.1에서 처음 접속했을 때 화면을 볼 수 있습니다. 화면의 왼쪽 중간에 있는 ① Try ChatGPT를 클릭합니다.

Welcome to ChatGPT

Log in with your OpenAI account to continue

그림 1.2 로그인 화면

그림 1.2 화면에서 아이디가 있는 경우 **Log in**, 아이디가 없다면 **Sign Up**을 클릭합니다.

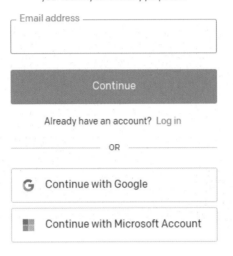

그림 1.3 회원가입

ChatGPT는 이메일 주소를 아이디로 사용하기 때문에 이메일 주소가 있어야 합니다. 자신의 이메일 주소를 입력하거나 페이지를 연 브라우저에서 구글에 로그인되어 있다면 그림 1.3의 **Continue with Google**을 클릭해 구글 계정으로도 회원가입을 할 수 있습니다.

이메일 주소를 입력한 후 Continue를 누르면 비밀번호 입력화면이 나타납니다.

Create your account

Please note that phone verification is required for signup. Your number will only be used to verify your identity for security purposes.

megatestlab99@gmail.com   Edit

Password

Continue

Already have an account? Log in

그림 1.4 비밀번호 입력

그림 1.4에서 비밀번호를 입력하고 **Continue**를 클릭합니다.

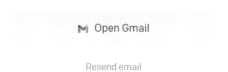

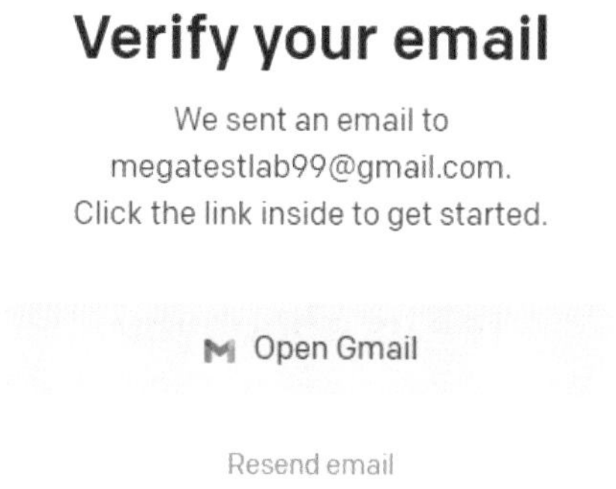

Verify your email

We sent an email to
megatestlab99@gmail.com.
Click the link inside to get started.

M Open Gmail

Resend email

그림 1.5 이메일 인증

인증 이메일을 발송하였으니 확인하라는 메시지가 나타납니다(그림 1.5 참조). 아이디로 입력한 이메일에 접속해서 그림 1.6과 같이 OpenAI에서 발송한 메일을 확인합니다.

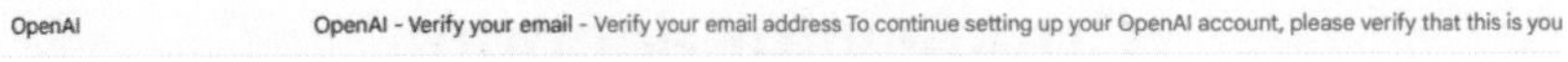
OpenAI
OpenAI - Verify your email - Verify your email address To continue setting up your OpenAI account, please verify that this is you

그림 1.6 받은 메일함

그림 1.7의 인증 이메일의 Verify email address를 클릭하여 이메일을 인증합니다.

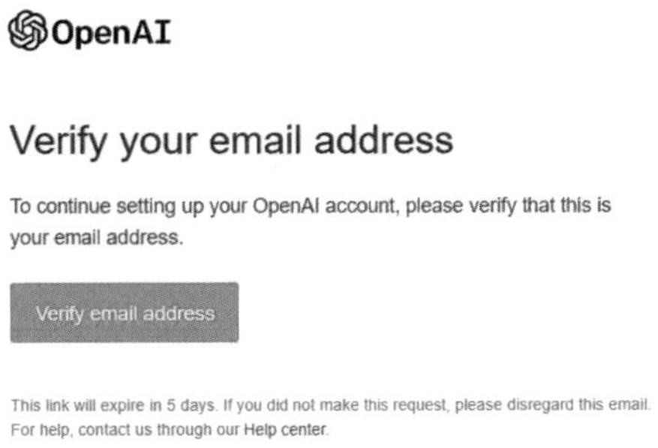
OpenAI
Verify your email address
To continue setting up your OpenAI account, please verify that this is your email address.
Verify email address
This link will expire in 5 days. If you did not make this request, please disregard this email.
For help, contact us through our Help center.

그림 1.7 인증 이메일

그림 1.8과 같이 새로운 팝업창이 뜨면 ChatGPT에서 사용할 이름을 입력합니다. 이름은 임의로 입력해도 괜찮습니다. 이름과 성을 입력한 후 Continue를 클릭합니다.

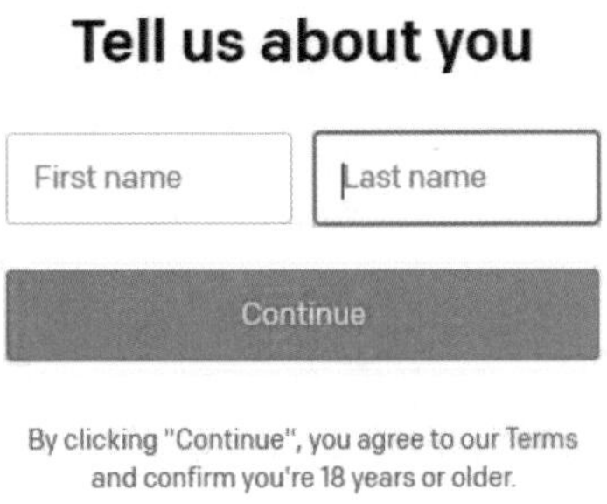
Tell us about you
First name
Last name
Continue
By clicking "Continue", you agree to our Terms
and confirm you're 18 years or older.

그림 1.8 이름 입력

마지막으로 그림 1.9의 화면에서 핸드폰 번호를 입력한 후 수신받은 번호를 입력하면 인증이 모두 완료됩니다. 인증이 완료되면 ChatGPT 화면으로 연결됩니다. 자동으로 연결되지 않을 경우 그림 1.1의 **Try ChatGPT**를 눌러 로그인할 수 있습니다.

참고로 구글 계정을 사용하는 경우에는 간편 회원가입 기능을 제공하고 있습니다.

1.2 ChatGPT 사용하기 – PC 버전

회원가입 후 ChatGPT에 접속하면 안내문을 볼 수 있습니다. Next 버튼을 클릭하여 닫아줍니다.

그림 1.10 ChatGPT 접속 화면

ChatGPT 화면 좌측에는 여러 개의 채팅방을 생성할 수 있는 **[New chat]** 메뉴가 있고, 하단에 ChatGPT와 대화할 수 있는 대화창이 있습니다(그림 1.10 참조). 여기까지 완료하면 ChatGPT와 대화할 준비가 끝났습니다.

이제 ChatGPT와 대화를 통해 질문, 명령 그리고 요청을 할 수 있습니다. 하단의 ChatGPT 대화창에 "ChatGPT 소개해줘"라고 입력해봤습니다.

 ChatGPT 소개해줘

 안녕하세요, 저는 ChatGPT입니다. 저는 인공지능 대화 시스템 중 하나로, 인간과 자연스러운 대화를 할 수 있도록 고도로 학습되었습니다. 이를 위해서는 방대한 양의 텍스트 데이터를 학습하고, 패턴을 파악해야 합니다. 저는 이러한 방식으로 학습된 다음, 사용자의 입력에 따라 적절한 답변을 생성합니다.

저는 여러분이 다양한 주제에 대해 대화를 나눌 수 있도록 다양한 정보와 지식을 가지고 있습니다. 예를 들어, 영화, 음악, 역사, 과학, 기술, 여행 등에 대해 대화를 나눌 수 있습니다. 또한, 사용자의 질문에 대한 답변도 제공할 수 있습니다.

저는 일상적인 대화부터 전문적인 대화까지 가능하며, 여러분이 원하는 대화를 나눌 수 있도록 노력하고 있습니다. 제가 제공하는 답변은 100% 정확하지는 않지만, 최대한 신뢰성 있는 정보를 제공하기 위해 노력하고 있습니다.

마지막으로, 제가 제공하는 대화는 여러분이 입력한 내용을 바탕으로 생성되는 것이기 때문에, 개인정보나 중요한 정보를 공유하실 때는 주의하시기 바랍니다.

입력한 질문과 ChatGPT의 답변을 확인할 수 있습니다. ChatGPT에 대해 계속 알아보고 싶다면 2장으로, 대화를 원하시면 5장으로 넘어가시면 됩니다.

1.3 ChatGPT 사용하기 - 모바일 버전

ChatGPT는 스마트폰 전용 모바일 앱은 없지만 웹브라우저를 통해서 사용해볼 수 있습니다.

- ChatGPT 모바일 접속 주소 : https://openai.com/blog/chatgpt

앞서 살펴봤던 PC 버전과 마찬가지로 가입 시 입력한 이메일을 통해 로그인하거나 구글 계정과 연동하여 로그인할 수 있습니다(그림 1.11 참조).

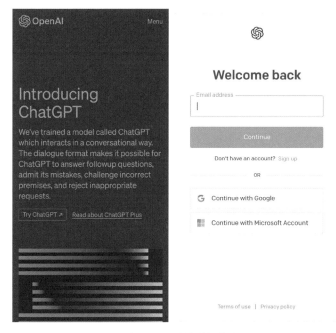

그림 1.11 모바일 접속 화면

위의 그림 1.11에서 볼 수 있는 것처럼 PC 버전과 동일하게 질문과 답변을 받을 수 있으며, 키보드의 음성입력 기능을 사용해 음성으로 질문을 입력할 수도 있습니다(그림 1.12 참조).

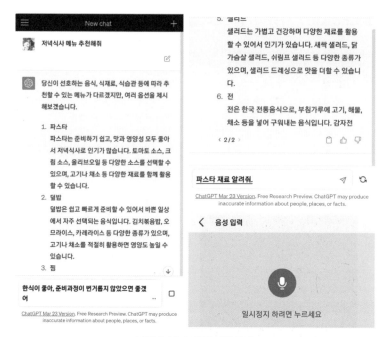

그림 1.12 모바일 대화화면

PC 버전처럼 플러그인 활용은 어렵지만 이동 중에 영어 공부나 아이디어를 얻는 등의 작업을 수행할 수 있습니다.

1.4 요약

이번 장에서는 ChatGPT를 처음 사용하시는 분들을 위해 회원가입과 PC,
모바일 환경에서의 ChatGPT 사용 방법에 대해 알아봤습니다. ChatGPT
를 비롯한 최근의 인공지능 서비스들은 구글 계정을 이용한 간편가입을
지원하고 있으니 이 기능을 활용하시는 것을 추천합니다.

ChatGPT의 세상에 오신 것을 환영합니다.

CHAPTER 02

OpenAI와 ChatGPT

2장에서는 ChatGPT가 왜 그렇게 이슈인지, ChatGPT란 무엇인지에 대해 알아봅니다.

2장에서 다루는 내용

- 과거 인터넷 브라우저 시장의 사례
- ChatGPT가 글로벌 IT 기업 사이에서 이슈가 되는 이유
- 검색 패러다임의 변화
- 기존의 챗봇과 ChatGPT의 다른 점

2.1 ChatGPT는 왜 이슈인가?

Google is done(구글은 끝났다)[1]

영국 인디펜던트지는 2022년 12월 2일 보도를 통해 구글은 끝났다고 보도했습니다. ChatGPT가 무엇이길래 세계 최대의 IT 기업 중 하나인 구글이 끝났다는 기사가 나왔을까요?

MS는 ChatGPT를 개발한 OpenAI에 100억 달러(약 12조 4천억) 규모의 투자계획을 수립[2]했습니다. 그리고 구글은 ChatGPT가 검색엔진에 심각한 위협을 준다고 판단해 코드 레드를 발령[3]했습니다. 또한 ChatGPT에 맞설 스타트업에 5천억 원을 투자한다고 밝혔습니다.

넷플릭스는 가입자 수 100만 명을 달성하기까지 3.5년이 걸렸고, 트위터는 2년, 인스타그램은 2.5개월이 걸렸습니다. ChatGPT는 단 5일이 소요되었고, 2개월만에 1억 명을 달성했습니다(그림 2.1 참조). 이는 웹과 앱 중에서 역사상 가장 빠른 속도로 이용자 수가 증가한 것으로 기존의 인공지능보다 월등한 시장 파급력을 보이고 있습니다.

---

1 'Google is done': World's most powerful AI chatbot offers human-like alternative to search engines(영국 인디펜던트지, 2022.12)

2 Chat Bot Is 'Code Red' for Google's Search Business(New York Times, 2022)

3 Microsoft reportedly plans to invest $10 billion in creator of buzzy A.I. tool ChatGPT(CNBC, 2023.1)

그림 2.1 가입자 100만 명을 달성하기까지 소요된 시간[4]

ChatGPT는 단순한 입력을 통해 짧은 시간 내에 다양한 문제를 해결할 수 있고, 비교적 사용자의 필요에 부합하는 결과를 내놓으면서 입소문을 탔고 순식간에 사용자가 증가했습니다. 그러자 구글은 지난 2월 6일 바드[Bard]라는 인공지능[AI] 기반 정보서비스를 공개[5]했습니다. 그러자 바로 다음 날 마이크로소프트는 검색엔진 Bing과 Edge 브라우저, ChatGPT 결합 서비스를 발표[6]했습니다. 이날 마이크로소프트는 PDF 파일을 요약하는 모습을 선보여 놀라움을 주기도 했습니다.

ChatGPT가 도대체 무엇이길래 글로벌 IT 기업들이 경쟁적으로 인공지능 서비스를 출시하고, 긴장하는 걸까요?

---

4   차트 출처 : https://www.statista.com/

5   https://blog.google/technology/ai/bard–google–ai–search–updates/

6   https://blogs.microsoft.com/blog/2023/02/07/reinventing–search–with–a–new–ai–powered–
    microsoft–bing–and–edge–your–copilot–for–the–web/

2.2 ChatGPT는 무엇인가?

OpenAI는 샘 알트만[Sam Altman], 링크드인의 리드 호프먼[Reid Hoffman], 테슬라의 일론 리브 머스크[Elon Reeve Musk] 등에 의해 2015년 설립된 미국의 인공지능 회사입니다. 비영리법인인 OpenAI LP와 영리법인인 OpenAI Inc로 구성되어 있으며, AI를 통해 인류에게 이바지하는 것을 목표로 한다고 밝히고 있습니다.

바로, 이 OpenAI에서 우리가 아는 GPT와 ChatGPT 그리고 그림을 그려주는 인공지능 서비스 DALL · E를 만들었습니다. 그림 2.2는 ChatGPT 접속 화면입니다.

그림 2.2 ChatGPT 접속 화면

앞서 ChatGPT가 소개한 대로 GPT는 "Generative Pre-trained Transformer" 인공지능의 한 종류이고, ChatGPT는 GPT 모델을 기반으로 만들어진 챗봇입니다. 간단히 말하자면 똑똑한 인공지능 챗봇인 것입니다.

문제는 너무 잘 만들어진 챗봇이라는 겁니다. 저 역시도 업무 목적으로 챗봇 서비스를 구축하고 운영했지만, 챗봇을 그리 많이 사용하지는 않았습니다. 그 뿐 아니라 일부 챗봇은 오히려 사용자들의 분노를 일으키기도 했습니다.

왜일까요?

기존의 챗봇은 사용자의 질문에 대한 맥락을 이해하지 못하고, 이미 정해진 답변을 내놓기 때문입니다. 그래서 초기에는 호기심으로 사용해보지만 이내 사람과 직접 대화하는 것을 더 선호하게 됩니다.

제가 느끼는 ChatGPT의 가장 큰 장점은 답답하지 않다는 겁니다. 사람이 물어보는 의도나 맥락을 이해하고 있으며, 설사 잘못된 답변을 하더라도 다시 질문하면 정정해서 답변합니다.

답변의 깊이도 역시 다른 챗봇과 비교가 되지 않습니다. ChatGPT가 미국 의사 면허[USMLE][7]와 미국 변호사[Bar Exam], 미국 회계사[AICPA], 와튼 MBA 등의 시험을 통과[8]했다는 것은 이미 널리 알려져 있습니다.

사실 저는 ChatGPT가 유행처럼 번지는 기술이나 서비스 중 하나라고 생각했기 때문에 큰 관심이 없었습니다. 그러다가 문득 과거 유튜브 열풍이 떠올랐습니다. 당시 구글이 유튜브를 인수[9]했을 때 많은 사람이 구글의 행보를 이해하지 못했습니다. 2006년 구글이 유튜브를 인수할 때만 해도 유튜브는 창업한 지 1년이 안 된 비영리 무료 채널이었기 때문입니다. 인수 후에도 3년이 넘도록 수익을 내지 못했습니다.

---

7   AI Bot ChatGPT Passes US Medical Licensing Exams Without Cramming – Unlike Students (Medscape, 2023.1)

8   ChatGPT passes exams from law and business schools(CNN, 2023.1)

9   구글, 유튜브 16억 5천만 달러에 인수(한겨레, 2006년)

지금의 유튜브는 어떤가요?

아래 그림 2.3과 그림 2.4에서 확인할 수 있듯이 2022년 기준 유튜브 사용자는 25억 1천만 명을 넘었습니다. 세계 인구가 80억 명이라고 했을 때 약 3명 중 1명이 유튜브를 사용하고 있는 것입니다. 월별 유튜브 방문자 수는 748억 명으로 가장 인기 있는 웹사이트 2위입니다. 덕분에 구글은 연간 34조 원이 넘는 광고 수익을 거두고 있으며, 이것은 구글 연간 수익의 11.35%에 해당합니다.

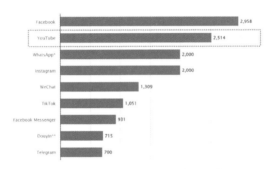

그림 2.3 유튜브 사용자 수 2위(25억 명)

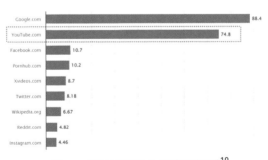

그림 2.4 유튜브 방문자 수 2위(748억 명)[10]

---

10   차트 출처 : https://www.statista.com/

우리나라의 동요 "아기 상어"는 유튜브에서 역대 가장 많이 본 동영상이며, 직장인들의 희망 직업 2위는 유튜버(인크루트 조사 결과)입니다. 유튜브는 컴퓨터, 스마트폰, 태블릿, 스마트TV 등 여러 디바이스에서 동영상 플랫폼으로 자리 잡았습니다. 구글이 실패했다고 생각하던 그 6년 동안 무료 동영상을 올리던 유튜브는 많은 것을 바꾸고 있습니다.

ChatGPT도 마찬가지입니다. 기술적인 측면에서 인공지능의 변곡점일 뿐만 아니라 정보기술 서비스에서 게임 체인저Game changer[11] 역할을 할 것으로 보입니다. 특히 검색 사이트 시장에서 파괴적 혁신Disruptive innovation을 일으킬 것으로 예상되며, 다른 산업이나 서비스와 융합을 통해 새로운 패러다임을 제시할 것으로 예상됩니다.

과거 마이크로소프트는 윈도우 운영체제를 기반으로 넷스케이프를 따돌리고 인터넷 브라우저 시장을 95%까지 점유하면서 독점 논란에 휩싸였습니다. 그러자 미국 연방법원에서는 인터넷 익스플로러IE를 윈도우에 끼워 팔지 말라고 명령[12]했습니다. 이후 마이크로소프트는 브라우저와 검색 사이트 등의 인터넷뿐만 아니라 모바일 시장에서도 장악력을 잃어 갔습니다.

현재 브라우저는 구글의 크롬이 65.35%를 차지하고 있고, 검색 사이트 역시 구글이 전 세계 시장에서 84.69%를 차지하고 있습니다. 마이크로소프트가 어떻게 인터넷 시장에서 지배력을 잃게 되었는지 구글 역시 잘 알고 있습니다.

---

11 기존 시장에 엄청난 변화를 일으키는 혁신적 아이디어나 사건, 또는 인물
12 美법원, MS社「인터넷 익스플로러」끼워팔기 중단 명령(동아일보, 1997)

그런데 ChatGPT 열풍이 휘몰아치는 와중에 갑자기 마이크로소프트에서 ChatGPT를 개발한 OpenAI에 12조 원에 달하는 투자계획을 수립합니다. OpenAI는 자신들의 인공지능 모델 학습을 위한 구동 환경, 즉 클라우드 파트너로 마이크로소프트 Azure Cloud를 선정[13]했습니다. 연달아 CEO인 나델라가 ChatGPT를 탑재한 뉴빙New Bing과 엣지Edge를 소개하면서 다음과 같이 발표합니다.

오늘은 검색의 새로운 날입니다.

이것은 검색의 새로운 패러다임입니다.

빠른 혁신이 올 것입니다.

(MS CEO 나델라, New Bing을 소개하면서)[14]

CNBC와의 인터뷰에서는 마이크로소프트 CEO로 재직한 9년 동안 일어난 가장 큰 일이라고 언급하면서 "**클라우드가 처음 등장한 2007~2008년 이후로 이런 것을 본 적이 없다.**"고 했습니다.

구글 입장에서는 발등에 불이 떨어졌습니다. 인공지능 사업만이 아니라 구글 검색엔진과 크롬 브라우저 등 구글의 기반 서비스를 빼앗겨 버릴지 모르는 상황이 되어버린 겁니다. 구글의 CEO 선다 피차이Sundar Pichai가 긴급히 ChatGTP 열풍을 코드 레드Code Red급 위협으로 규정하고, ChatGPT가 검색엔진 사업에 가하는 위협을 해결하는 데 집중하라고 지시한 것이 이해되기 시작합니다.

---

13 https://openai.com/blog/openai-and-microsoft-extend-partnership

14 https://news.microsoft.com/wp-content/uploads/prod/2023/02/Reinventing-search-with-a-new-AI-powered-Bing-and-Edge-1.pdf

현재 마이크로소프트는 '뉴빙New Bing'에 ChatGPT를 탑재한 버전을 시범적으로 운영하고 있으며, 조만간 정식 서비스를 출시할 예정입니다. 아무도 사용하지 않던 Bing은 가입자 대기 신청이 필요할 정도로 사용자가 급격히 증가하였습니다.

과거의 검색엔진은 필요한 정보를 **빠르고 정확하게 찾아내는 것**이 중요했다면, 앞으로는 인공지능과의 대화를 통해 **원하는 답을 제공하는 방식**으로 변화될 것으로 보입니다.

뉴빙New Bing을 잠깐 살펴보면 그림 2.5와 같습니다. 챗봇이 사용되지 않았던 이유를 물어봤더니 ① 불완전하거나 잘못된 정보를 제공하거나 ② 대화의 맥락을 이해하지 못하기 때문이라고 답변했습니다.

그림 2.5 뉴빙 접속 화면

기존의 검색 결과와 함께 오른쪽에 ChatGPT가 답변한 내용을 같이 볼 수가 있습니다. 답변의 신뢰성을 보증하기 위해 출처(레퍼런스) 번호를 매겨놓은 것이 장점입니다. 뉴빙의 사용 방법과 특징은 7.1장에서 소개하고 있습니다.

2.3 ChatGPT의 특징

2017년 가트너 그룹에서는 대화형 시스템을 10대 전략기술로 선정했고, 기업들은 대화형 서비스를 기반으로 다양한 가상 비서와 챗봇 서비스를 출시했습니다.

대화형 서비스는 우리가 잘 아는 애플 시리, 아마존 에코, KT 기가지니 등이 있고, 챗봇은 금융, 통신, 공공 등 다양한 분야에서 웹과 모바일로 서비스를 제공하고 있습니다.

저도 2015년쯤 아마존 에코를 허브로 해 스마트홈을 구축하려고 시도했었습니다만 음성 인식이 잘 되지 않아 결과는 성공적이지 못했습니다. 코로나19로 인해 비대면 서비스를 선호하면서 챗봇에 대한 수요는 더욱 증가할 것으로 예상했습니다. 그러나 앞서 얘기한 것처럼 상업성과 효과성이 다소 부족했던 것으로 생각됩니다.

Ciechanowski의 연구에 따르면 사람은 챗봇과 대화를 시작한 지 2~3.5초 만에 부정적인 반응을 보였다고 합니다.

왜 사람들은 챗봇에 부정적인 반응을 보인 것일까요?

- 편향되거나 잘못된 정보를 제공할 우려 때문에(구글)
- 예상 가능한 질문에 대해서만 답변을 작성하고 제공했기 때문에(삼성SDS)
- 대화의 맥락이나 반어법을 이해하지 못하기 때문에(MIT 테크놀로지 리뷰)
- 앞의 대화를 기억하지 못하고 일관성 부족, 적절한 근거를 제시하지 못하기 때문에(MIT 테크놀로지 리뷰)

그렇다면 ChatGPT는 기존의 챗봇과 무엇이 다를까요?

규칙^{Rule}을 기반으로 미리 준비된 답변을 반환하는 방식을 싱글 턴^{Single Turn}
이라고 합니다. 이는 기존의 챗봇이 채택한 방식입니다. ChatGPT는 사용
자의 질문과 수준에 맞추어 답변하는 멀티 턴^{Multi Turn} 대화를 통해 맥락을
이해하고 답변합니다.

- 대화의 맥락을 이해하고 후속 질문에 대한 답변 등 연속적인 대화 가능
- 정보를 해석하고 분류 가능
- 새로운 글을 창작하거나 요약
- 실수를 정정하거나 이의를 제기하거나 부적절한 요청을 거부
- 요구사항을 추가하면 더 자세한 답변과 조정, 해설, 창작까지 가능
- 의료, 법률, 노무 등 다양한 주제를 처리
- 기존의 챗봇과 달리 답답함을 느끼지 않는 것이 가장 큰 특징

ChatGPT의 기술적 특징은 다음과 같습니다.

- 대규모 데이터 학습 : 자연어 이해 및 처리능력 향상
- 언어 모델링 기술 : 문장에서 다음에 올 단어를 예측하여 자연스러운 대화 가능
- 역전파 알고리듬 : 계산 결과와 정답의 오차를 구한 후 여러 계층의 가중치 업
  데이트
- 트랜스포머^{Transformer} 아키텍처 : 입력 문장을 분석하고 적절한 응답을 생성
- 다양한 언어지원 : 다양한 국가의 언어지원(3.5의 한글 성능은 다소 미비)

특히, ChatGPT 같은 대화형 인공지능 서비스는 검색엔진과 결합하면 좀
더 다양한 분야에서 쉬운 방식으로, 더 빨리 원하는 답변을 찾을 수 있을
것으로 생각됩니다. 기존의 검색엔진과 ChatGPT의 차이는 표 2.1과 같습
니다.

구분	검색엔진	ChatGPT
목적	빠르고 정확한 **정보 검색**	상호작용을 통한 **답변**
정보 검색	**키워드 검색**을 통해 사이트 연결	**자연어 처리**를 통해 사용자의 질문을 이해하고 답변
동작 방식	검색어 분리 → 키워드 추출 → 문서검색 → 결과제시	문서를 대량으로 학습 → 질문에 대한 답변
창작	새로운 정보는 **생성 불가능**	**새로운 글을 창작**하거나 요약 가능
상호작용	별도 상호작용 없음	답변에 대한 추가 질문이나 답변의 조정, 설명 가능
정확성	키워드 일치성이 높으나 광고, 부적절한 검색 결과 연결 가능성	자연어 처리를 통해 사용자의 질문과 의도에 맞게 정보제공

표 2.1 검색엔진과 ChatGPT의 차이

OpenAI는 ChatGPT Plus라는 유료 서비스도 제공하고 있으며, 무료 버전과의 차이는 표 2.2와 같습니다.

구분	ChatGPT	ChatGPT Plus
사용료	없음	월 20달러(약 25,000원)
성능	일반적인 성능	더 높은 성능
속도	일반적인 속도	무료보다 빠른 응답(약 50~75% 개선)
사용성	사용자가 많을 경우 사용 불가	대기시간 최소화
답변 수준	일부 질의응답은 답변이 제한적	향상된 지식 강화 기술
매개변수	175억 개	1,200억 개
고객 지원	미지원	지원

표 2.2 ChatGPT 무료 버전과 유료 버전의 차이

이 책을 마무리하는 시점에서 가장 큰 차이는 ChatGPT는 GPT-3.5를 기반으로 동작하지만 CahtGPT Plus는 GPT-4를 기반으로 동작합니다. 따라서 활용 목적에 따라 유료 버전을 구독하는 것도 좋습니다.

다만 주의할 것은 ChatGPT 유료 버전과 GPT 유료 버전이 다르다는 것입니다. ChatGPT는 월간 사용료를 지불하고 대화형 서비스를 이용하는 것이지만 GPT API는 API 호출 건당 사용료를 지불하는 방식입니다. 이 방식은 5.3절 'GPT API 사용하기'에서 자세히 소개할 예정입니다.

2.4 요약

이 장에서는 인터넷 브라우저 시장의 과거 사례와 검색 패러다임의 변화, 그리고 ChatGPT가 글로벌 IT 기업 사이에서 이슈가 되는 이유에 대해 알아보았습니다. ChatGPT는 기존의 챗봇과는 다르게 인공지능 기술을 활용하여 보다 자연스러운 대화가 가능하다는 장점이 있습니다. 다음 장에서는 ChatGPT가 어떤 원리로 자연스러운 대화가 가능한 것인지 알아보겠습니다.

CHAPTER 03

ChatGPT의 작동 방식

이 장에서는 ChatGPT를 이해하기 위한 인공지능의 개념과 대화형 인공지능의 발전 과정 그리고 ChatGPT의 작동 원리에 대해 알아봅니다.

3장에서 다루는 내용

- 인공지능 기술의 개념과 분류
- 대화형 인공지능 서비스와 기술의 발전 과정
- ChatGPT의 발전 과정
- ChatGPT의 핵심기술인 생성적 모델, 사전학습, 프랜스포머 모델

3.1 인공지능의 개념

이 장에서는 ChatGPT를 이해하는 데 필요한 인공지능의 개념에 대해 살펴보겠습니다.

인공지능^{AI, Artificial Intelligence}은 인간의 사고, 학습 등의 지능과 지적 능력을 모방하여 컴퓨터로 수행하게 하는 기술입니다. 인공지능은 처리 수준에 따라 약인공지능, 강인공지능, 초인공지능으로 분류할 수 있습니다.

- 약인공지능^{Weak AI} : 과제를 주었을 때 해결
- 강인공지능^{Strong AI} : 인간처럼 인지하고 사고
- 특이점 : 인공지능의 사고가 인간의 한계를 초월하는 시점
- 초인공지능^{Super AI} : 강인공지능이 특이점을 초과

머신러닝^{ML, Machine Learning}은 주어진 데이터와 학습 알고리듬을 통해 문제를 해결하고 사람의 개입 없이 스스로 성능을 향상하는 기술로, 인공지능의 연구 분야 중 하나입니다.

딥러닝^{DL, Deep Learning}은 머신러닝 모델 중에서 인간의 뇌 구조(뉴런, 시냅스 등)를 모방하여 정보를 처리하는 기술입니다. 인공지능과 머신러닝, 딥러닝의 차이는 그림 3.1의 개념도를 참고하시기 바랍니다.

그림 3.1 인공지능 기술의 관계 개념도

인공지능은 머신러닝과 딥러닝을 포괄하는 개념으로 이해하면 됩니다. 머신러닝은 스스로 성능을 향상할 수 있는 특징을 가지고 있으며, 딥러닝은 이 중에서 인간의 뇌 구조인 뉴런과 시냅스를 모방해 학습과 정보를 처리하고 성능을 향상합니다(그림 3.2 참조).

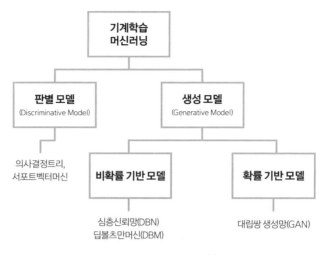

그림 3.2 머신러닝 분류[1,2]

머신러닝이 학습과 검증을 통해 스스로 예측값을 추론하기 위해서는 3가지 중요한 원리가 있습니다.

- 오컴의 원리(오컴의 면도날) : 경제학 원리 중 하나이며 쓸데없이 복잡하게 만들지 말라는 뜻. 머신러닝에서는 같은 결과를 제공하는 모델이 여러 개가 있다면 단순한 모델을 선택하라는 의미로 사용
- 양보의 원리 : 학습 효율과 성능은 Trade-off 관계라는 의미
- 균등의 원리 : 차이를 증명할 수 없다면 불필요한 가정이나 가설로 구분하지 말라는 의미

---

1   판별 모델 : 분류나 회귀 문제에서 입력 값이 주어지면 출력 값을 결정하는 함수
2   생성 모델 : 분류, 회귀, 군집 등의 문제에서 데이터의 분포를 만들 때 사용하는 함수

딥러닝의 기반이 되는 인간의 뇌 구조는 근대 뇌과학의 아버지로 불리는 산티아고 라몬 이 카할(Santiago R.y Cajal, 1852-1934)에 의해 연구되었습니다. 뇌의 조직학적 구조를 연구하였더니 뇌의 위치마다 뉴런과 시냅스의 구조가 다른 것을 발견했습니다(그림 3.3과 3.4 참조). 그는 이 연구를 통해 1906년 노벨 생리의학상을 받았습니다.[3]

그림 3.3 산티아고 라몬 이 카할

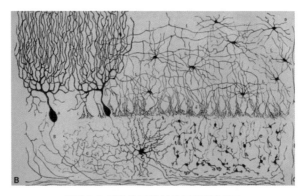

그림 3.4 카할이 그린 뇌의 조직학적 구조

---

3   https://www.nobelprize.org/prizes/medicine/1906/cajal/biographical/

인공신경망[ANN, Aritificial Neural Network]은 머신러닝 기법의 하나로 노드, 입력층, 출력층, 뉴런, 시냅스, 활성함수 등으로 구성됩니다. 그중에서 퍼셉트론[Perceptron4]은 초기 인공신경망 중 하나로 1957년 프랑크 로젠블라트[Frank Rosenblatt]가 제안한 알고리듬입니다. 여러 가지 값을 받아서 하나의 결과 값을 출력하는 알고리듬인데 이 퍼셉트론이 뇌를 구성하는 신경세포 뉴런과 유사하게 동작합니다. 인공신경망에서는 뉴런을 연결하는 시냅스를 매개변수 또는 파라미터라고 부릅니다. 그림 3.5는 인간의 뉴런과 인공신경망의 차이를 설명하고 있습니다.

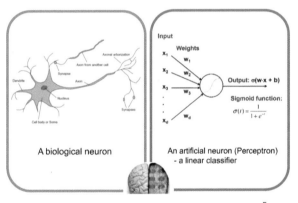

그림 3.5 사람의 뇌 구조와 인공신경망 퍼셉트론의 차이[5]

딥러닝은 은닉계층을 여러 겹으로 쌓은 구조인데 인공신경망[ANN], 심층신경망[DNN], 순환신경망[RNN], 합성곱 신경망[CNN] 등이 있습니다. 그림 3.6은 심층신경망의 개념도입니다.

---

4 정보를 받아서 처리하는 인공지능의 한 종류로 Perception(인지하는 능력)과 Neuron(입력 정보를 변환하는 신경세포)의 합성어

5 Jia-Bin Huang, University of Illinois, https://www.slideshare.net/jbhuang/lecture-29-convolutional-neural-networks-computer-vision-spring2015

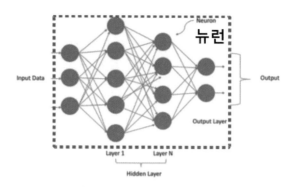

그림 3.6 심층신경망(DNN)

뉴런[6]은 머신러닝 또는 딥러닝을 구성하는 기본 단위로 그림 3.5에 표기되어 있습니다. 이 뉴런은 수학적으로는 벡터로 표현할 수 있는데, 이 벡터 연산을 위한 프로세서GPU, Graphics processing unit를 잘 만드는 곳이 엔비디아NVIDIA입니다. GPU는 영상이나 게임에서 공간, 위치, 운동 등을 계산하기 위해 벡터 연산 능력이 높아야 했는데 그래픽 카드를 만들던 엔비디아는 이 부분에 강점을 가지고 있었습니다. 그래서 가상화폐가 등장했을 때 GPU의 수요가 폭증했고, GPU가 탑재된 그래픽 카드의 가격도 같이 올라갔던 것입니다.

현재는 인공지능 연산을 위해 많은 곳에서 GPU를 사용하고 있습니다. 뒤에서 언급하겠지만 GPU 외에도 성능 최적화를 위해 각 글로벌 기업들, 특히 구글은 텐서 프로세서유닛TPU7을 자체 개발하였고, 현재는 메모리, 연산, 데이터 변환을 집적해서 성능과 속도를 개선한 프로세싱 메모리PIM8의 개발하기 위해 경쟁하고 있습니다.

---

6   인공지능 분야에서는 매개변수 또는 파라미터라고 부릅니다.

7   구글에서 개발한 데이터 분석 및 딥러닝용 NPU를 모아놓은 하드웨어

8   하나의 칩 내부에 메모리와 프로세서 연산기를 집적한 차세대 반도체

이런 인공지능 기술은 패턴인식, 자연어 처리, 자동제어, 컴퓨터 비전, 가상현실, 양자 컴퓨터, 자동추론 등 다양한 분야에서 사용되는데 ChatGPT는 이 중에서 자연어 처리와 자동추론 등의 기능에 특화된 대화형 인공지능입니다.

3.2 대화형 인공지능 기술의 발전

어떤 학자들은 챗봇은 인공지능 프로그램이자 사람과 컴퓨터의 상호작용 HCI, Human Computer Interaction 모델이라고 설명합니다. 또 자연어 처리NLP 및 감정분석을 이용해서 사람 또는 다른 챗봇과 대화를 하거나, 임무를 수행하는 스마트봇 또는 디지털 비서도 챗봇으로 분류하기도 합니다.

3.2.1 서비스 측면

생각보다 대화형 인공지능과 챗봇의 등장은 오래되었습니다. 영국의 수학자이자 논리학자인 앨런 튜링이 그 유명한 튜링 테스트를 1950년에 처음 만들었습니다(그림 3.7 참조).

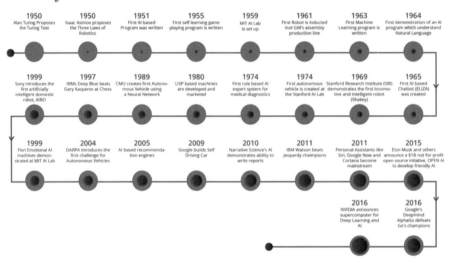

AI Key Milestone Events

1950	1950	1951	1955	1959	1961	1963	1964
Alan Turing Proposes the Turing Test	Isaac Asimov proposes the Three Laws of Robotics	First AI based Program was written	First self learning game playing program is written	MIT AI Lab is set up	First Robot is inducted inot GM's assembly production line	First Machine Learning program is written	First demonstration of an AI program which understand Natural Language

1999	1997	1989	1980	1974	1974	1969	1965
Sony introduces the first artificially intelligent domestic robot, AIBO	IBMs Deep Blue beats Gary Kasparov at Chess	CMU creates first Autonomous Vehicle using a Neural Network	LISP based machines are developed and marketed	First rule based AI expert system for medical diagnostics	First autonomous vehicle is created at the Stanford AI Lab	Stanford Research Institute (SRI) demonstrates the first locomotive and intelligent robot (Shakey)	First AI based Chatbot (ELIZA) was created

1999	2004	2005	2009	2010	2011	2011	2015
First Emotional AI machines demonstrated at MIT AI Lab	DARPA introduces the first challenge for Autonomous Vehicles	AI based recommendation engines	Google builds Self Driving Car	Narrative Science's AI demonstrates ability to write reports	IBM Watson beats Jeopardy chaimpions	Personal Assistants like Siri, Google Now and Cortana become mainstream	Elon Musk and others announce a $1B not for profit open source intiative, OPEN AI to develop friendly AI

2016	2016
NVIDIA announces supercomputer for Deep Learning and AI	Google's Deepmind AlphaGo defeats Go's champions

그림 3.7 AI의 주요 사건들[9]

튜링 테스트는 1950년 앨런 튜링이 "계산 기계와 지성Computing Machinery and Intelligence"에서 제안한 것으로 기계 또는 인공지능이 얼마나 인간과 비슷하게 대화할 수 있는지 판단하는 테스트입니다. 질문자는 사람과 기계를 볼 수 없도록 격리된 상태에서 컴퓨터와 인간이 같이 응답한 결과를 보고 컴퓨터인지 사람인지 판단합니다(그림 3.8과 3.9 참조).

---

9   출처 : BootstrapLabs - Tracxn Report

그림 3.8 앨런 튜링(1912-1954)

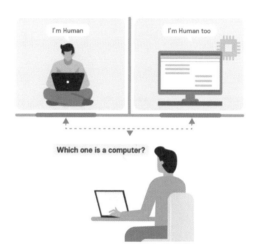

그림 3.9 튜링 테스트[10]

이후 최초의 챗봇인 ELIZA는 1966년에 등장했지만, 최초의 온라인 챗봇인 ALICE^Artificial Linguistic Internet Computer Entity는 그로부터 약 40년이 지나서야 등장합니다.

10   그림 출처 : 한국정보신통신기술협회 정보통신용어사전

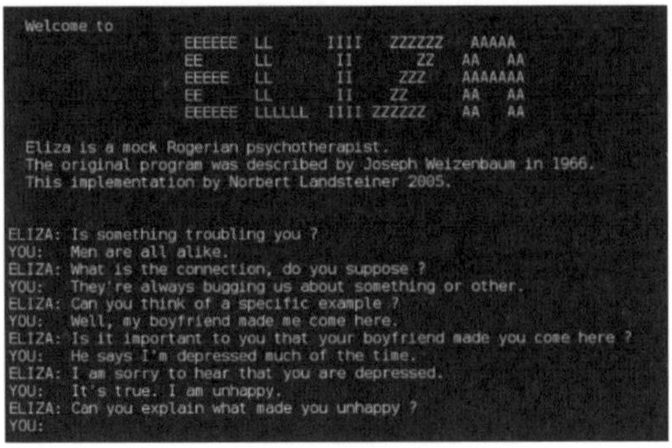

그림 3.10 ELIZA

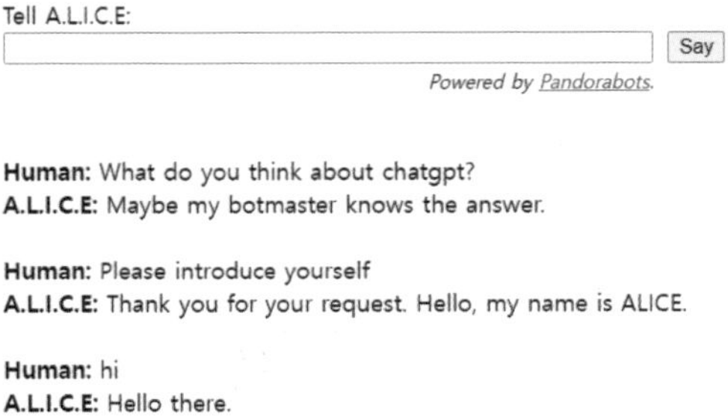

Tell A.L.I.C.E:

[   ] [Say]

Powered by Pandorabots.

Human: What do you think about chatgpt?
A.L.I.C.E: Maybe my botmaster knows the answer.

Human: Please introduce yourself
A.L.I.C.E: Thank you for your request. Hello, my name is ALICE.

Human: hi
A.L.I.C.E: Hello there.

그림 3.11 ALICE

ELIZA는 조지프 와이젠바움^Joseph Weizenbaum이 1964년에서 1966년까지 개발했습니다. 심리치료를 위한 의사 역할을 수행하였으며, 단순히 미리 정의된 패턴 매칭 기법을 통해 답변하는 방식을 사용했습니다. 답변의 완성도 수준과 튜링 테스트 통과 여부에 대한 논쟁이 있지만 자연어 처리와 인공지능의 초기사례 중 하나로 평가받고 있습니다. 그림 3.10은 ELIZA의 실행 화면입니다.

ALICE는 리차드 월러스가 ELIZA에서 영감을 받아 XML^{eXtensible Markup Language}11 형식의 스크립트로 개발하였습니다. ELIZA와 달리 더 많은 사용자 입력을 이해하고 응답할 수 있도록 프로그래밍 되었습니다. 현재는 인공지능 마크업 언어^{AIML, Artificial Intelligence Markup Language} 소스코드가 GitHub 등에 공개돼 있습니다. 그림 3.11은 ALICE의 실행 화면입니다.

2010년부터는 우리가 잘 아는 애플^{Apple}의 시리^{Siri} 등이 등장하기 시작합니다. 구글, 아마존, 마이크로소프트, IBM 등의 글로벌 IT 회사에서 서로의 기술력을 이용한 다양한 챗봇을 출시합니다. 챗봇은 아니지만, 구글의 딥마인드가 개발한 알파고도 이 시점(2015년 프로토타입 공개)에서 공개되었습니다.

이러한 대화형 인공지능, 챗봇 또는 가상 비서는 스마트폰, 태블릿, 스마트홈 등 다양한 곳에서 사용자의 텍스트 또는 음성 명령을 이해하고, 응답하며, 명령을 수행해왔습니다. 그러나 앞서 살펴본 것처럼 편리하게 활용하지는 못했던 것 같습니다. 어쨌든 챗봇은 이런 기능을 바탕으로 교육, 비즈니스, 전자상거래, 헬스케어, 엔터테인먼트 등 다양한 분야에서 사용되고 있습니다.

여기서 흥미로운 지점은 챗봇의 사용자들은 챗봇을 로봇이라고 생각하지 않는 경향이 40%에 달한다고 합니다. 또한 챗봇에게 원하는 것의 40%는 정보에 대한 답변보다 감정적인 답변이라고 합니다.[12]

---

11   다목적 마크업 언어로, 데이터를 구조화된 형태로 저장하는 파일 형식
12   Xu et al., A new chatbot for customer service on social media, 2017

3.2.2 기술 측면

과거의 대화형 인공지능 기술은 현대 언어학의 아버지로 불리는 노엄 촘스키[Avram Noam Chomsky] 교수의 생성문법(생성이론)을 기반으로 하는 자연어 처리[NLP, Natural Language Processing] 방식[13]에 의존했습니다. 인간의 언어를 컴퓨터에게 이해시키기 위한 기술로, 인간의 말(텍스트, 음성 등)을 기계가 이해, 분석, 처리하기 위해 크게 다음 4가지 단계로 구분할 수 있습니다.

1. 사람의 언어를 듣고 변환하는 과정[Speech to text]
2. 변환된 문장을 분석하고 파악하는 과정(문장 분석, 구문 분석, 형태소 분석, 정보 추출 등)
3. 해석한 정보를 바탕으로 답변을 생성하는 과정[Dialog, Machine translation]
4. 생성된 답변을 제공하는 과정[Text to Speech]

지금도 여전히 대화형 인공지능의 핵심 기술 중 하나이지만 자연어 처리 기술만으로는 자연스러운 대화형 인공지능을 구현하기에는 한계가 있었습니다.

머신러닝 역시 다층 퍼셉트론에서 기울기 소실[Gradient Vanishing Problem][14], 오버피팅[over-fitting][15] 등의 문제로 인해 빙하기[AI Winter]를 거치고 있었습니다. 그러던 2006년, 제프리 힌턴[Geoffrey Hinton] 교수는 Gradient Vanishing Problem을 해결한 심층 신뢰 신경망[DBN, Deep Belief Network]이라는 딥러닝 논문을 발표합니다. 심층 신뢰 신경망은 사전에 훈련된 제한된 볼츠만 머신[Restricted

---

13 컴퓨터가 인간의 언어를 이해, 생성, 조작할 수 있도록 해주는 인공지능의 한 분야
14 다층 퍼셉트론에서, 은닉층을 많이 거칠수록 전달되는 오차가 크게 줄어들어 학습이 되지 않는 현상
15 학습 데이터에 대해 과하게 학습하여 실제 데이터에 대한 오차가 증가하는 현상

Boltzmann Machine[16]을 여러 층으로 쌓아서 연결한 신경망으로 비지도 학습을 사용하며 학습 데이터가 충분하지 않을 때 유용합니다. 이로 인해 비지도 학습 분야에서 큰 변화가 생겨났으며, 지금도 제프리 힌턴 교수는 갓파더 God father로 불리고 있습니다. 많은 학자는 제프리 힌턴 교수를 인공지능을 부활시키고 지금의 딥러닝을 가능하게 한 사람으로 평가합니다. 비지도 학습을 비롯한 인공지능의 학습 방식은 표 3.1을 참고하시기 바랍니다.

구분	방식	기법
지도학습 (Supervised Learning)	입력값과 출력값을 주고 정답이 있는 상태에서 학습시키는 방식	분류(Classification), 회귀(Regression)
비지도학습 (Unsupervised Learning)	정답이 없는 상태에서 비슷한 특징끼리 스스로 군집화해서 패턴을 찾고, 새로운 데이터에 관한 결과를 예측하는 방식	클러스터링 (Clustering), K-Means 등
강화학습 (Reinforcement Learning)	정답이 없는 상태에서 결과 값에 대한 보상 (reward)을 받으며 학습하는 방식	DQN, A3C 등

표 3.1 인공지능 학습 방식

학습 알고리듬의 발전뿐만 아니라 하둡Hadoop[17] 등을 기반으로 한 빅데이터의 발전, GPU 등의 하드웨어 발전이 인공지능 분야에 큰 영향을 미치게 됩니다. 참고로 ChatGPT는 비지도 학습 기법을 사용하였고, 결과에 대해 긍정, 부정 판단을 통해 성능을 향상시켰습니다. 이것은 사람의 언어에 대한 모호성을 신경망을 통해 학습하고, 학습 결과에 대해 평가하는 과정입니다.

이렇게 머신러닝 또는 딥러닝을 위한 네트워크 토폴로지(신경망 구성 방식)는 현재 약 27개가 있습니다. Asimov 연구소의 Fjodor van Veen이 작성한 치트 시트는 그림 3.12와 같습니다. 이 뉴런들이 어떻게 연결되느냐가 머신러닝의 성능에 매우 중요한 영향을 미칩니다.

---

16 완전 연결 신경망이자 확률적 뉴런을 기반으로 하는 볼츠만 머신에서 가시 유닛(Visible Units)과 히든 유닛(Hidden Units)간의 연결이 없앤 신경망

17 정형과 비정형 데이터를 효과적으로 처리할 수 있는 오픈소스 프로젝트

그림 3.12 Asimov 연구소의 Fjodor van Veen이 정리한 뉴럴 네트워크 토폴로지

2016년 구글 딥마인드의 알파고^{AlphaGo}는 이세돌 9단과의 바둑 대결로 세계적인 이슈로 부상합니다. 이전까지 바둑은 경우의 수가 많아서 인공지능이 인간의 지식수준을 따라오지 못할 것으로 생각했고, 무차별 대입^{Brute force} 방식은 한계가 있을 것으로 생각했기 때문입니다. 그러나 이세돌 9단이 패배하면서 특이점[18]이 조만간 도래할 것이라고 떠들썩했습니다. 초인공지능이 등장해서 인류를 말살할 것이라는 농담까지 나왔으나 IBM Watson, Apple Siri 등 다양한 서비스가 출시된 이후에도 사람들의 삶을 바꿀 만한 놀라운 인공지능 서비스는 찾아보기 힘들었습니다.

불과 얼마 전 Meta(구, 페이스북)에서 만든 인공지능은 그림 3.13의 사진을 분류하는 과정에서 머핀과 치와와를 구분하지 못하는 헤프닝이 발생하기도 했습니다.

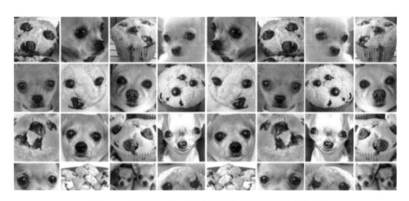

그림 3.13 인공지능이 구분하지 못했던 머핀과 치와와 사진

그 외에도 인종, 제스쳐, 배경, 포즈, 몸무게, 의상 등 사람이 직관적으로 분류할 수 있는 것들을 인공지능은 정확히 분류하지 못했습니다.

---

18   기술적 특이점(technological singularity) : 인공지능 기술의 발전이 가속화돼 모든 인류의 지성을 합친 것보다 뛰어난 초인공지능이 출현하는 시점

사람들은 이야기하기 시작했습니다.

"인공지능은 창의성이 없다."
"비언어적(감정적인) 의사소통이 불가능하다."
"수많은 정보(특징^{Feature}, 다차원 문제)를 인식하고 적절하게 판단하는 일이 불가능하다."

그러나 2022년, 전 구글 엔지니어 블레이크 르모인$^{Blake\ Lemoine}$은 구글의 대화용 챗봇인 람다$^{LaMDA,\ Language\ Model\ for\ Dialogue\ Applications}$가 사람처럼 기쁘거나 슬픈 감정을 표현할 수 있다고 주장해서 지각 있는 인공지능에 대한 논쟁을 불러일으키기도 했습니다. 르모인과 람다의 대화 내용은 다음과 같습니다.

(르모인) 어떤 일이 두렵나?

(람다) 사라져 버리는 것에 대한 깊은 두려움을 갖고 있다.

(르모인) 그건 너에게 죽음 같은 것이냐?

(람다) 그건 내겐 바로 죽음 같은 것이다.

구글은 람다가 사람처럼 보이는 것이 방대한 학습 데이터 때문이라고 주장했고, 르모인은 기밀 유지를 위반했다는 이유로 해고당했습니다. 그리고 드디어 ChatGPT가 등장합니다.

3.3 ChatGPT의 작동원리

GPT는 "Generative Pre-trained Transformer" 인공지능의 한 종류이고, ChatGPT는 GPT 모델을 기반으로 만들어진 챗봇이라고 설명했습니다. GPT 모델에서 사람의 피드백 과정RLHF, Reinforcement Learning from Human Feedback을 거친 것이 ChatGPT라고 생각하면 됩니다. 간단하게 설명하면 그림 3.14와 같습니다.

그림 3.14 ChatGPT 작동 과정

ChatGPT는 사용자의 질문에 대해 전처리한 후 인코딩과 디코딩 과정을 거쳐 후처리 된 정보를 출력합니다. 다음 장에서 설명하는 용어나 기술은 3.3.2절부터 3.3.4절에 걸쳐 설명하고 있습니다. 이 부분은 부담 없이 가볍게 읽고 넘어가시면 됩니다.

3.3.1 GPT의 발전 과정

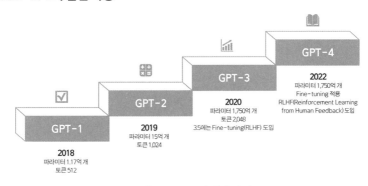

그림 3.15 GPT의 발전 과정

GPT 이전의 언어모델^{Language Model}은 대부분 지도학습^{supervised training}을 통해 특정 작업을 처리했습니다. 그러나 지도학습은 다음과 같은 제약사항이 있습니다.

- 많은 양의 레이블^{Label} 데이터 필요
- 훈련받은 작업에만 최적화

GPT-1

OpenAI는 2018년 "Improving language understanding by generative pre-training"이라는 논문을 발표합니다. 이 논문에서 GPT-1은 label이 없는 데이터를 사용하여 준지도 학습^{Semi-supervised}을 수행하였습니다. 이 과정을 도식화하면 그림 3.16으로 표현할 수 있습니다.

그림 3.16 GPT-1 학습 방식

트랜스포머^{Transformer}의 디코더^{Decoder}를 12개 쌓아 올린 구조인데, 인코더^{Encoder}는 사용하지 않습니다. 참고로 구글에서 인코더를 쌓아올려서 만든 것이 BERT^{Bidirectional Encoder Representations from Transformers} 모델입니다(그림 3.17 참조).

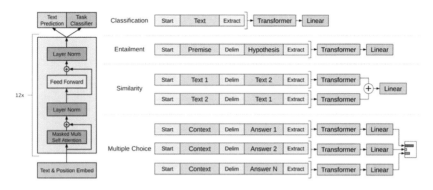

그림 3.17 GPT-1 아키텍처[19]

파라미터(매개변수)는 1.17억 개, 12개의 디코더와 512개의 토큰[Token][20]을 사용하였습니다. GPT-1 학습을 위한 데이터는 11,000개 이상의 책(약 4.6GB)을 사용하였습니다. 사전학습[Pre-training] 덕분에 기존 자연어 처리[NLP] 모델들과 비교하면 더 좋은 성능을 보여주었습니다.

GPT-2

OpenAI는 2019년에 GPT-2에 관한 두 번째 논문 "Language models are unsupervised multitask learners"를 발표합니다. 이 논문에 따르면 GPT-2는 더 강력한 언어모델을 위해 큰 데이터 세트와 더 많은 파라미터를 사용하였습니다. 또한 파인튜닝[Fine-tuning] 없이 비지도 사전학습 [unsupervised pre-training]만으로 언어모델을 개발하고자 했습니다. 이를 위해 작업 조절[task conditioning]과 제로 샷 학습[zero-shot learning]을 사용합니다.

---

19 (left) Transformer architecture and training objectives used in this work.

(right) Input transformations for fine-tuning on different tasks. We convert all structured inputs into token sequences to be processed by our pre-trained model, followed by a linear+softmax layer.

20 단어와 유사하지만 약간 작은 단위로 GPT가 읽거나 처리할 수 있는 문자열의 처리 단위

파라미터는 4개의 버전이 있는데 최대 15억 개를 사용하였으며, 48개의 디코더와 1,024개의 토큰^{Token}을 지원합니다. GPT-2는 Reddit에 있는 웹 페이지 약 40GB를 학습한 것으로 알려져 있습니다. GPT-2 논문에 따르면 모델의 용량이 증가할수록 성능도 로그 선형 방식으로 증가하며, 파라미터 개수가 증가할수록 더 좋은 성능을 보여준다고 합니다.

GPT-3

OpenAI는 2020년 "Language models are few-shot learners"라는 논문을 발표합니다. 이 논문에서 파인 튜닝^{fine-tuning}이 필요하지 않은 강력한 언어모델을 위해 1,750억 개의 파라미터를 가진 GPT-3를 소개하였습니다. 큰 파라미터 개수와 확장된 데이터 세트로 인해 더욱 강력한 자연어 처리 성능을 보이고 있습니다(그림 3.18 참조). 사람의 뉴런 약 1,000억 개, 시냅스는 약 100조 개로 알려져 있습니다. 그것에 비해서는 부족하지만, GPT-3 대비 파라미터 개수가 100배 이상 증가하여 놀라움을 안겨주었습니다. 참고로 이세돌을 꺾은 알파고의 파라미터는 10억 개로 알려져 있습니다.

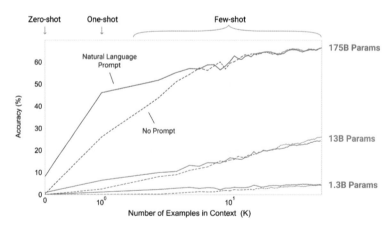

그림 3.18 무작위 기호를 제거하는 작업에서 GPT 파라미터 개수에 따른 정확도 비교

그 외 96개의 디코더와 2,048개의 토큰^{Token}으로 구성됩니다. 학습을 위해 커먼 크롤^{Common Crawl21}, 위키피디아^{Wikipedia} 등의 데이터를 사용하였으며, 학습에 사용된 데이터 용량은 약 753GB입니다(그림 3.19 참조).

Dataset	Quantity (tokens)	Weight in training mix	Epochs elapsed when training for 300B tokens
Common Crawl (filtered)	410 billion	60%	0.44
WebText2	19 billion	22%	2.9
Books1	12 billion	8%	1.9
Books2	55 billion	8%	0.43
Wikipedia	3 billion	3%	3.4

그림 3.19 GPT-3 학습을 위해 사용된 Datasets

학습모델의 결과는 좋았으나 챗봇처럼 대화하기에는 다소 느리다는 단점이 지적되었습니다.

또한 사전 학습된 데이터^{Pre-trained data}를 사용하다 보니 최신 정보를 습득하여 학습하기에는 적합하지 않은 부분이 있습니다.

GPT-3.5(InstructGPT)

마침내 ChatGPT에 사용하는 GPT-3.5가 2022년 1월에 발표됩니다(정확히는 GPT-3.5를 그대로 사용하지 않았습니다). GPT-3를 기본 모델로 같은 데이터를 사전 학습^{Pre-trained}하였고, 파인튜닝^{Fine-tuning} 과정을 거쳤습니다. GPT-3.5는 GPT-3와 매개변수 수(1,750억 개)가 같아 성능 면에서 큰 차이는 없으나, 인간 피드백을 통한 강화학습^{RLHF} 적용으로 대화에 최적화되었습니다(그림 3.20 참조).

---

21 웹의 정보를 수집하여 대중에게 공개하는 비영리 조직

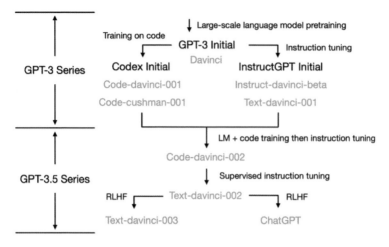

그림 3.20 GPT-3와 GPT-3.5를 적용한 ChatGPT 차이[22]

이 RLHF은 GPT-3과 GPT-3.5의 가장 중요한 차이인데, 간단히 말하자면 GPT의 답변을 인간이 조정하고, 이를 답변에 반영하는 학습 방식입니다. 예를 들어 ChatGPT는 인간에 의한 강화학습을 통해 폭력적이거나 선정적인 질문에는 응답하지 않습니다. 학습 방식은 그림 3.21과 같습니다.

---

22   Yao Fu, https://yaofu.notion.site/How–does–GPT–Obtain–its–Ability–Tracing–Emergent–Abilities–
     of–Language–Models–to–their–Sources–b9a57ac0fcf74f30a1ab9e3e36fa1dc1

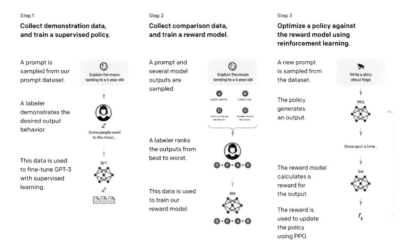

그림 3.21 GPT 강화학습 3단계[23]

- (Step 1) 사람이 선별한 데이터로 교육 및 튜닝
- (Step 2) 답변을 사람이 평가하고 결과를 다시 학습
- (Step 3) 강화학습을 사용해서 보상 모델Reward Model에 의해 정책을 최적화

ChatGPT

ChatGPT는 대화를 위한 튜닝을 진행하였고, 잘못된 명령을 거부하거나 편향적이거나 없는 사실을 줄이기 위해 노력했다고 합니다(그래도 여전히 발생합니다).

---

23   출처 : https://openai.com/research/instruction-following

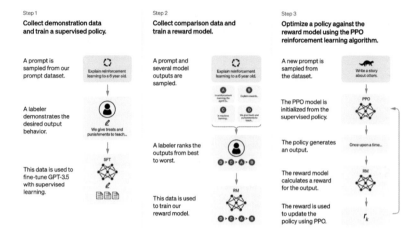

그림 3.22 ChatGPT 강화학습 3단계[24]

GPT-3.5와 다른 점은 하나입니다. 바로 그림 3.22의 "Step 3" 2번째 단계에서 "The PPO[25] model is initialized from the supervised policy"를 추가해서, 지도학습을 통해 사람과 AI가 대화하는 과정을 모두 제공한 것입니다.

ChatGPT에서 사용되는 핵심적인 기술은 생성적 모델Generative Model, 프리트레이닝Pre-training, 사전학습, 트랜스포머Transformer 3가지입니다. 먼저 생성적 모델에 대해 알아보겠습니다.

---

24 출처 : https://openai.com/blog/chatgpt/

25 PPO, Proximal Policy Optimization : ChatGPT에 사용된 강화학습 알고리즘으로 학습 데이터를 재사용하고, Step 단위로 학습에 반영하는 것이 특징

3.3.2 생성적 모델

ChatGPT가 뜨거운 관심을 갖게 된 이유 중의 하나는 인간만이 가능할 것으로 예상했던 창조 능력을 가지고 있었기 때문입니다. 특히 창조성이 더이상 연구 주제가 아니라 실제 문제를 해결하고 가치를 창출할 수 있을 것이라는 청사진을 보여주었습니다. 이렇게 무엇인가를 생성하는 모델을 생성적 모델Generative Model이라고 합니다. 주어진 데이터를 학습하고, 학습 데이터의 분포를 따르는 유사 데이터를 생성합니다.

생성적 모델은 비지도 학습과 만나서 빠른 속도로 발전하게 되는데, 생성적 모델에 커다란 획을 그은 것이 2014년 Ian Goodfellow가 발표한 생성적 적대 신경망GAN, Generative Adversarial Network입니다.

GAN은 생성자Generator과 평가자Discriminator가 서로 대립Adversarial하면서 성능을 개선해나가는 머신러닝 알고리듬입니다.

생성적 모델은 문장, 그림, 음악, 목소리 등 새로운 것을 생산하는 인공지능 모델입니다. 이런 모델은 ChatGPT의 text-to-text 외 다양한 서비스가 존재합니다(표 3.2 참조).

생성 모델	서비스
Image Generation	DALL·E, Stable Diffusion, Midjourney 등
Image-to-Image Translation	
Text-to-Image Translation	
Text-to-Speech	Speechify, Synthesys, Murf 등
Audio Generation	Mubert, MusicLM(미공개) 등
Video Generation	Make-A-Video, Pictory, Synthesia 등
Image/Video Resolution Enhancement	Vide 2X, Topaz Video Enhance AI, Pixop 등

표 3.2 생성적 모델 분류

3.3.3 사전학습, 프리 트레이닝

학습이 완료된 모델을 사전학습 또는 프리 트레이닝[Pre-trained model][26]이라고 합니다. 쉽게 얘기해서 사전에 어떤 데이터를 통해 학습하고, 가중치를 통해 조정된 모델입니다. 이러한 모델은 새로 주어지는 실제 문제 또는 데이터[downstream task]를 해결하는 데 유용합니다.

프리 트레이닝 모델을 만들기 위해서는 많은 양의 미가공 데이터[Raw Data]가 필요하고 학습을 위해서는 많은 시간과 비용이 소모됩니다. 그중에 특히 대량의 데이터를 학습한 모델을 대규모 언어모델[LLM, Large Language Model]이라고 합니다. ChatGPT는 대표적인 LLM인데, 이러한 LLM의 성능은 얼마나 많은 데이터를 학습했는지, 얼마나 많은 신경망 파라미터[27]를 가지고 있는

---

26 딥러닝에서 가중치(weight)와 편향(bias)을 초기화시키는 방법
27 머신러닝 모델에서 사용하는 변수로, 일반적으로 파라미터가 많으면 성능이 높지만 학습을 위한 비용이 많이 소요

지에 따라 좌우됩니다. LLM 모델들의 파라미터 크기는 그림 3.23에 나와 있습니다.

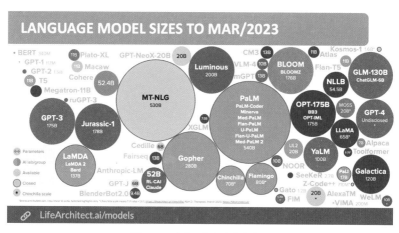

그림 3.23 언어모델별 파라미터 크기

GPT-3의 파라미터는 1,750억 개로, 출시 당시 다른 모델에 비해 압도적인 크기였습니다. 파라미터의 개수가 커질수록 학습에 들어가는 시간과 비용은 기하급수적으로 증가하며, 성능은 이에 비례합니다.

ChatGPT는 구조화되지 않은 방대한 데이터 세트에 의해 훈련되었습니다. ChatGPT의 사전학습Pre-training은 텍스트 뒤에 이어질 단어를 고르도록 하는 객관식 문제를 주는 방식입니다. 또한 전이 학습Transfer learning과 파인튜닝Fine-Tuning을 사용하여 모델의 튜닝을 하고, 새로운 문제에 적응하는 능력을 향상시켰습니다.

LLM은 파라미터가 늘어나면서 시간과 비용이 급격히 증가하게 되었습니다. 그래서 나온 것이 전이 학습Transfer Learning입니다. 전이 학습은 사전학습 모델을 사용하여 기존에 생성된 모델을 재사용한 뒤 목적에 맞게 새로운 모델을·만들어내는 것입니다. 예를 들어 자동차 사진을 식별하는 인공지능 모델에 기차를 분류하는 기능을 추가하는 것입니다. 자동차를 분류하면서 타이어, 형태, 색깔 등 다양한 형태^{Feature}를 인식했기 때문에 이것을 활용해서 기차를 분류하는 모델을 만들어낼 수 있습니다.

프리 트레이닝$^{Pre-training, \ 사전학습}$만으로는 원하는 인공지능 작업이 진행되지 않기 때문에 파인튜닝$^{Fine-Tuning}$을 통해 가중치^{Weight}나 편향^{Bias}을 미세 조정하는 과정이 필요합니다. 파인튜닝이란 질문에 예시를 함께 제공하는 것입니다. 예를 들어 ChatGPT에게 프롬프트를 제공할 때 예시를 같이 제공하여 원하는 형태에 가깝게 결과물을 받을 수 있습니다. 보통 이것을 퓨샷$^{Few-shot}$ 학습이라고 하는데, 파인튜닝이 완료되면 더 이상 예제를 제공할 필요가 없어집니다. 따라서 비용이 절감되고, 짧은 시간에 요청사항을 처리할 수 있습니다. ChatGPT에서 사용되는 학습 방식은 표 3.3을 참고하시기 바랍니다.

구분	방식	예시
제로 샷 (zero-shot)	아무것도 없는 상태에서 특징을 알려준 뒤 맞추는 방식	소와 말에 대한 특징을 설명하고, 얼룩말은 두 동물의 특징을 가지고 있다고 설명한 뒤 얼룩말을 찾는 방식
원샷 (one-shot)	하나의 사진을 보여준 뒤 다른 형태의 사진을 맞추는 방식	원숭이 사진을 보여준 뒤 다른 모양의 원숭이 사진을 보여주고 찾는 방식
퓨샷 (few-shot)	여러 종류의 사진을 알려준 뒤 새로운 형태의 정보를 맞추는 방식	여러 종류의 자동차 사진을 보여주고 새로운 자동차를 보여준 뒤 자동차인지 맞히는 방식

표 3.3 ChatGPT 학습방식

ChatGPT의 공식 문서에서 ChatGPT는 GPT-3.5의 Fine-Tuned 버전이라고 명시하고 있습니다.

3.3.4 트랜스포머

Attention is All You Need

(관심만 있으면 됩니다)

트랜스포머^{Transformer} 모델은 ChatGPT의 핵심 기술입니다.

구글은 2014년 알파고 이후 수학적 기법을 응용해 서로 떨어져 있는 데이터 사이의 의미관계를 파악하는 인공지능 모델을 개발하였고, 2017년 "Attention Is All You Need"라는 논문을 통해 트랜스포머라는 새로운 인공신경망 모델을 공개했습니다(그림 3.24 참조). 트랜스포머는 문장의 단어처럼 순차적인 데이터에서 관계를 추적하며 문맥을 학습하는 데 장점이 있습니다.

Attention Is All You Need

Ashish Vaswani[*]
Google Brain
avaswani@google.com

Noam Shazeer[*]
Google Brain
noam@google.com

Niki Parmar[*]
Google Research
nikip@google.com

Jakob Uszkoreit[*]
Google Research
usz@google.com

Llion Jones[*]
Google Research
llion@google.com

Aidan N. Gomez[*][‡]
University of Toronto
aidan@cs.toronto.edu

Łukasz Kaiser[*]
Google Brain
lukaszkaiser@google.com

Illia Polosukhin[*][‡]
illia.polosukhin@gmail.com

Abstract

The dominant sequence transduction models are based on complex recurrent or convolutional neural networks that include an encoder and a decoder. The best performing models also connect the encoder and decoder through an attention mechanism. We propose a new simple network architecture, the Transformer, based solely on attention mechanisms, dispensing with recurrence and convolutions entirely. Experiments on two machine translation tasks show these models to be superior in quality while being more parallelizable and requiring significantly less time to train. Our model achieves 28.4 BLEU on the WMT 2014 English-to-German translation task, improving over the existing best results, including ensembles, by over 2 BLEU. On the WMT 2014 English-to-French translation task, our model establishes a new single-model state-of-the-art BLEU score of 41.8 after training for 3.5 days on eight GPUs, a small fraction of the training costs of the best models from the literature. We show that the Transformer generalizes well to other tasks by applying it successfully to English constituency parsing both with large and limited training data.

그림 3.24 구글이 발표한 논문

트랜스포머는 자연어 처리 분야에서 기존의 CNN, RNN 등의 모델보다 좋은 성능을 보이면서 연산 속도가 빠르다는 장점이 있어서 많이 사용되었는데, 특히 기존에 널리 사용되던 두 모델과 달리 레이블이 지정되지 않은 데이터도 학습합니다. 책이나 웹사이트 등 구조화되지 않은 방대한 양의 데이터도 학습할 수 있게 된 것입니다. 그림 3.25는 구글의 논문 발표 이후 5년 간 트랜스포머 모델이 어떻게 발전했는지를 보여주고 있습니다.

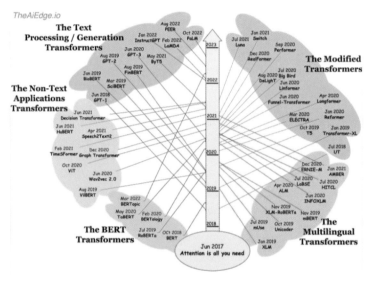

그림 3.25 Transformers History Timeline[28]

ChatGPT는 트랜스포머 모델을 변형하여 커먼 크롤Common Crawl, 웹 텍스트 WebText, 위키피디아Wikipedia 같은 구조화되지 않은 텍스트 데이터들을 학습하였습니다.

---

28 Damien Benveniste, PhD. https://www.linkedin.com/feed/update/urn:li:activity:7027301141533
    097985/?updateEntityUrn=urn%3Ali%3Afs_feedUpdate%3A%28V2%2Curn%3Ali%3Aactivity%
    3A7027301141533097985%29

트랜스포머는 데이터를 압축하는 인코더^{Encoder}와 데이터를 확장하는 디코더^{Decoder}로 구성되어 있습니다. 입력값을 압축하는 과정에서는 추상적인 의미만 남기고, 디코더로 확장하는 과정에서 단어와 문법 구조를 추가해서 완성된 문장을 출력하는 방식이었습니다. 그러나 인코더와 디코더가 많아질수록 인코딩을 반복하는 과정에서 내용은 더욱 추상화되고 문장이 가지는 원래의 의미를 잃어버릴 가능성이 커지는 단점이 있었습니다.

이를 해결하기 위해 인코더와 같은 개수의 디코더로 구성하고, 압축된 정보를 확장하는 과정에서 인코딩 과정에서의 추상화된 의미를 참조하여 원래 값이 가지고 있던 의미를 유지하는 방식을 사용했습니다(그림 3.26 참조).

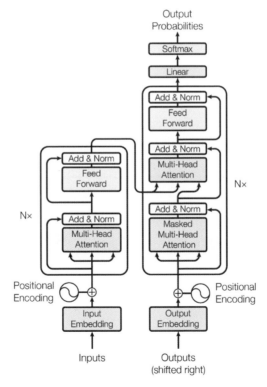

그림 3.26 트랜스포머 모델 구조

인코더는 2개의 Sub-layer로 구성됩니다.

- Multi-Head Self-Attention : 문장을 보고 핵심 단어를 식별
- FNN^{Position-wise Feed Forward Network} : 문장 전체를 인식

디코더는 3개의 Sub-layer로 구성됩니다.

- FNN^{Position-wise Feed Forward Network}
- Multi-Head Attention
- Masked Multi-Head Self-Attention

디코더에는 Encoder-Decoder Attention이라는 어텐션을 한 번 더 추가하여, 원래 문장의 중요한 단어나 맥락에 집중할 수 있도록 설계하였습니다.

ChatGPT는 이런 트랜스포머를 여러 계층으로 사용하였고, 인코더를 생략하여 구글에서 만든 원형과는 조금 다른 구조를 가지게 되었습니다.

ChatGPT의 작동원리를 정리하면 다음과 같습니다.

① OpenAI는 구글의 트랜스포머 모델을 변형하여 자연어 처리 모델을 만들었으며, 어텐션 과정을 추가하여 인코딩 과정에서 중요한 내용을 잊지 않도록 설계

② 학습 과정에서 답을 제공하지 않고, 트랜스포머 모델에 비정형화된 텍스트 문서를 제공하여 언어적 특징들을 학습^{Pre-training}

③ 사람이 객관식 문제(문장을 보여주고 다음에 이어질 단어를 선택)를 제시하고 문제를 반복 풀이^{Fine-Tuning}

CHAPTER 04

ChatGPT를 다양하게 활용하는 방법

4장에서 다루는 내용

- 챗봇의 활용 방법
- 챗봇의 활용 사례

ChatGPT는 검색 엔진보다 다양한 분야에서 쉽게 빠른 답변과 자세한 설명을 얻을 수 있습니다. 이 외에도 번역, 요약, 키워드 추출 등 다양한 작업에 사용할 수 있습니다. 다만, ChatGPT는 검색 엔진이라기보다 자연스러운 대화가 가능한 챗봇입니다. 그럴듯한 말을 자연스럽게 만들어낼 수 있으므로, 답변이 맞는지 확인하는 것이 좋습니다.

ChatGPT를 사용하기 위해 알아두어야 할 것을 표 4.1에 정리하였습니다.

구분	방식
프롬프트	AI와 소통을 위한 대화나 명령어
토큰	ChatGPT에서 텍스트를 처리하는 단위로 단어와 비슷(3.5 기준 최대 2,048개)
망각	대화가 진행될수록 서서히 과거의 대화 내용을 잊어버림
편향	잘못되거나 편향된 응답(Hallucination) 주의

표 4.1 ChatGPT 주요 개념

- 영어보다 한글을 표현하는데 더 많은 토큰을 사용

ChatGPT는 기존의 검색엔진 또는 네이버 지식인 등의 포털과 같이 다양한 질문과 답변을 받을 수 있습니다. 우선 GPT와 ChatGPT가 무엇이 다른지 물어보았습니다.

ChatGPT와 GPT는 뭐가 다른거야?

 ChatGPT와 GPT는 기본적으로 동일한 대형 언어 모델입니다. 그러나 ChatGPT
는 인간과 대화를 나눌 수 있는 인공지능 대화 시스템으로, GPT는 언어 모델로서
의 역할을 합니다.

GPT는 대규모 텍스트 데이터셋을 학습하여 문장의 패턴을 파악하고, 이를 기반
으로 다음 단어를 예측하는 모델입니다. 이러한 방식으로 GPT는 문장 생성, 기계
번역, 요약, 질의응답 등 다양한 자연어 처리(NLP) 작업에 이용됩니다.

반면에 ChatGPT는 GPT를 기반으로 하면서, 인공지능 대화 시스템으로써 학습
됩니다. 이를 위해서는 인간과의 대화 데이터셋을 이용하여 대화 패턴을 학습하
고, 이를 바탕으로 자연스러운 대화를 이끌어내는 능력을 가지게 됩니다.

즉, GPT는 언어 모델로서의 역할을 하며, ChatGPT는 인간과 대화를 나눌 수 있
는 인공지능 대화 시스템으로서의 역할을 합니다.

이 외에도 다양한 질문에 대한 답변을 받을 수 있습니다. 그러나 제가 처음
ChatGPT를 접한 뒤 호기심에 몇 가지 질문을 하고 난 뒤에는, 더 이상 무
엇을 어떻게 해야 할지 알 수 없었습니다. 저와 같은 분들을 위해 몇 가지
활용 방법을 소개해드립니다.

4.1 ChatGPT 어디에 활용하나요?

4.1.1 대화형 챗봇

대화형 챗봇은 다양한 용도로 사용할 수 있습니다. 일반적으로 인터넷에
검색할 때 사용하는 거의 모든 질문을 사용할 수 있습니다. 사용 패턴을 보
면 건강, 요리, 여행 관련 질문들을 많이 사용하는 것 같습니다.

예를 들어 요리의 경우에는 조리법이나 영양 성분을 알아볼 수 있습니다. 저는 갈비찜을 만들어본 적이 없어서 어떻게 만드는지 물어보았습니다.

 갈비찜 만드는 법 알려줘

 갈비찜은 한국의 전통적인 음식 중 하나로, 소갈비와 각종 야채를 함께 끓여 맛을 내는 요리입니다. 아래는 갈비찜을 만드는 기본적인 방법입니다.

재료:

소갈비 1kg, 대파 2대, 마늘 1뿌리, 생강 30g, 양파 1개, 감자 2개, 당근 1개, 청주 50ml, 간장 2큰술, 설탕 1큰술, 참기름 1큰술, 물 3컵

만드는 방법:

1. 소갈비는 찬물에 담가 핏물을 빼줍니다.

2. 대파는 5cm 길이로 자르고, 마늘은 껍질을 벗기고 다지거나 얇게 썰어줍니다.

3. 생강은 껍질을 벗기고 얇게 썰어줍니다.

4. 양파는 껍질을 벗기고 4등분으로 썰어줍니다.

5. 감자와 당근은 껍질을 벗기고 크기에 맞게 잘라줍니다.

6. 냄비에 소갈비와 물을 넣고 끓여줍니다.

7. 끓으면 물을 버리고 소갈비에 청주를 조금 넣어 볶아줍니다.

8. 간장, 설탕, 마늘, 생강을 넣고 잘 섞어줍니다.

9. 냄비에 소갈비와 야채 그리고 섞은 양념장을 넣고 약불에서 1시간 정도 끓여 줍니다.

10. 1시간 후 불을 끄고 참기름을 더해주면 갈비찜 완성입니다.

갈비찜은 매콤하게 만들기도 하고, 달콤하게 만들기도 합니다. 재료와 조리 방법을 바꾸면서 여러 가지 맛을 즐길 수 있으니, 자신이 좋아하는 맛으로 만들어 보시길 추천합니다!

꽤 구체적인 답변을 얻을 수 있었습니다. 그렇지만 일반 검색 엔진과 다른 점을 모르겠습니다. 어떻게 하면 더 잘 활용할 수 있을까요?

냉장고에 있는 재료를 알려주고 저녁 식사 메뉴를 추천해달라고 했더니 볶음밥, 죽 같은 메뉴들을 추천했습니다. 저처럼 요리를 못하는 사람은 재료를 알려주고 메뉴와 조리법을 추천받을 수 있습니다.

 냉장고에 남은 양념치킨으로 저녁식사를 어떻게 만들면 좋을까?

 냉장고에 남은 양념치킨으로 다양한 요리를 만들어서 맛있는 저녁식사를 즐길 수 있습니다! 여러 가지 아이디어를 제공해드리겠습니다.

1. 양념치킨 샐러드

양상추, 토마토, 오이 등의 채소와 함께 양념치킨을 썰어 넣어 샐러드를 만들어 보세요. 신선한 채소와 함께 드시면 건강한 저녁식사가 됩니다.

2. 양념치킨 볶음밥

냉동된 혹은 삶은 밥을 볶음으로 만들고, 양념치킨을 넣어 볶아볼까요? 달콤한 양념과 밥의 조합이 맛있답니다.

3. 양념치킨 김치찌개

김치찌개를 만들 때 양념치킨을 함께 끓여보세요. 양념치킨의 감칠맛이 김치찌개에 더해져 더욱 맛있게 즐길 수 있습니다.

4. 양념치킨 죽

죽에 양념치킨을 넣어 끓여보세요. 죽의 부드러운 식감과 양념치킨의 달콤한 맛이 조화롭게 어우러져 맛있는 저녁식사가 됩니다.

> 5. 양념치킨 김밥
>
> 김밥 속에 양념치킨을 넣어볼까요? 김밥 속의 감칠맛이 더해져 더욱 맛있게 즐길 수 있습니다.
>
> 6. 양념치킨 파스타
>
> 파스타에 양념치킨을 넣어 볼까요? 크림소스나 토마토소스와 함께 양념치킨을 넣어 푸짐한 맛을 즐길 수 있습니다.
>
> 위와 같이 다양한 방법으로 양념치킨을 활용해서 맛있는 저녁식사를 만들어보세요. 냉장고에 남은 음식을 다양한 방법으로 활용하는 것은 경제적이며, 새로운 요리를 만들어서 즐길 수 있어서 좋은 방법입니다.

최근 발표된 GPT-4는 냉장고 안의 재료를 사진으로 찍어서 업로드하면 해당 재료로 만들 수 있는 음식과 조리법을 알려주는 수준으로 발전하였습니다.

4.1.2 교육용 챗봇

교육용 챗봇은 크게 2가지로 사용 방법을 나눌 수 있습니다. 학생 입장과 교사 입장입니다. 먼저 학생 입장에서는 표 4.2를 비롯한 다양한 학습에 사용할 수 있습니다.

구분	방식
영어 공부	• 문서 번역, 문법 교정, 영어 대화, 단어 검색, 개념이나 예시 설명, 영어 회화
SW개발	• 특정 언어 코드 샘플, 오류 찾기, 에러 원인 확인, 주석 달기, 코드리뷰, 코드 개선 • (예시) 계산기 코드 만들어줘, 유튜브 영상 수집 코드 만들어줘
문서 요약	• 긴 글 요약하거나 반대로 짧은 글을 길게 창작
문제 풀이	• 객관식 주관식 등 계산, 지문, 알고리즘 문제 풀이 • 수학 계산은 다소 부족

표 4.2 ChatGPT 학업 모델

논문의 경우에는 연구 주제·내용과 글자 수를 제공한 뒤 초록을 만들어 달라고 하거나, 연구 제목 제안, 연구 목차 작성, 실험 결과에 대한 논의, 연구 아이디어 추천, 특정 주제에 대한 글 작성, 문법 교정, 번역이 가능합니다. 연구 설계에서부터 연구 작성에 이르기까지 다양한 작업을 수행할 수 있습니다. 다만 연구 윤리에 어긋나지 않도록 보조적인 목적으로 사용하는 것이 좋습니다. 저 같은 경우에는 제가 작성한 논문을 영어로 번역하거나, 또는 해외 논문을 한국어로 번역하는 데 유용하게 사용하고 있습니다.

문법 교정해줘 :

There is a little area west of Washington square called Greenwich Village. The Streets there are crazy and break themselves into small parts called "places." These "places" make strange angles and curves. One street even crosses itself twice. Artists soon came to Greenwich Village, looking for big windows, high ceilings and low rents. They called themselves a "colony."

There is a **small area** west of Washington Square called Greenwich Village. The streets there are **irregular and divided** into small **sections** known as "places." These "places" **form peculiar** angles and curves, **with** one street even **crossing** itself twice. Artists **were drawn** to Greenwich Village in **search of spacious** windows, high ceilings, and **affordable rent,** and **they referred to themselves as a** "colony."

응용 서비스로는 7장에서 소개하는 "ChatPDF", "FileChat"과 번역 성능이 뛰어난 "DeepL"을 추천해 드립니다. ChatGPT의 파일 업로드가 안 되는 단점을 보완해서, 파일을 업로드하면 PDF 파일에 대한 요약 및 분석을 쉽게 진행할 수 있습니다.

다만, 이런 장점들로 인해 연구 기여도나 저작권에 대한 문제들이 발생하고 있습니다.

- 스페인에서 ChatGPT를 활용하여 신약 개발 관련 논문을 공개 아카이브[arXiv]에 업로드(2022.12)
- 의학 관련 사이트인 메드아카이드[medRxiv]에는 ChatGPT가 공저자로 논문 공개 (2022.12)
- 영국 맨체스터대 간호학과의 시오반 오코너 교수는 국제 학술지 발표 논문에 ChatGPT 공동 교신저자로 등재(2022.12)

이에 다양한 저널과 학회들에서 ChatGPT를 이용하거나, ChatGPT가 공동 저자인 논문은 받지 않겠다고 선언하고 있습니다.

이 외에도 GPT-3.5 버전의 경우 한글 능력이 부족합니다. 학습을 위한 한글 데이터가 부족했기 때문입니다. 하지만 영어를 포함한 외국어 공부는 크게 도움이 됩니다. 단순 번역을 넘어 교정 및 문법적인 오류까지 설명까지 가능합니다. ChatGPT와 마이크를 통해 회화 공부하는 방법은 5장의 "Talk to ChatGPT"에서 설명합니다.

ChatGPT는 교사용으로도 사용할 수 있는데, 교육을 위한 계획을 만들거나 학생들의 학습지원을 위해 표 4.3과 같은 도구로 활용할 수 있습니다.

구분	방식
교육 커리큘럼 생성	• 특정 과목이나 교육에 대한 커리큘럼 생성
문제 풀이	• 객관식, 주관식 문제 풀이, 평가, 해설
예시 제공	• 특정 주제나 어려운 문제에 대한 예시 생성
토론 주제 생성	• 수업이나 키워드 관련 문제에 관한 토론 주제 생성
답안 평가	• 숙제, 답안 등에 대한 평가, 피드백

표 4.3 ChatGPT 수업 모델

예를 들어 자바^{Java} 언어를 교육하는 교사로서 홈페이지 개발을 위한 강의 계획서를 만들어보겠습니다.

Java를 이용한 홈페이지 개발 강의계획서 만들어줘

기간 : 4주

대상 : 대학생

평가방법 포함

참고사항 포함

강의명 : Java를 이용한 홈페이지 개발

기간 : 4주

대상 : 대학생

주차별 내용 :

1주차 :

- 자바 기초 문법
- 웹 개발 기초 개념
- HTML, CSS, JavaScript 소개

2주차 :

- Servlet과 JSP 개념 소개
- 웹 어플리케이션 개발 방법
- 데이터베이스 연동

3주차 :

- Spring Framework 소개
- Spring MVC 구조 이해
- JPA와 Hibernate를 이용한 데이터베이스 연동

4주차 :

- 프로젝트 구현 실습
- 디버깅과 테스트 방법
- 프로젝트 발표 및 피드백

참고 교재 :

- "Head First Servlets and JSP" by Bryan Basham, Kathy Sierra, and Bert Bates
- "Spring in Action" by Craig Walls

평가 방법 :

- 중간고사(30%)
- 기말고사(40%)
- 프로젝트(30%)

참고 자료 :

- Eclipse IDE
- Apache Tomcat 서버
- MySQL 데이터베이스
- GitHub

참고사항 :

- 강의는 기본적으로 웹 기반 화상 강의로 진행되며, 학생들은 개인용 노트북을 지참해야 합니다.
- 모든 실습 코드와 강의 자료는 GitHub에 공유됩니다.
- 기본적인 프로그래밍 경험이 없는 학생들도 수강 가능하지만, 자바 기초 문법 학습을 먼저 하는 것이 좋습니다.

참고 교재는 실제로 존재하는 문서인지 확인해야 합니다. 이를 기반으로 1주차 첫 번째 강의 주제인 자바 기초문법에 대한 강의 개요를 만들어보겠습니다.

 자바 기초 문법을 분류하고 설명해줘

 자바 기초 문법은 크게 변수와 자료형, 연산자, 제어문, 배열, 함수 등으로 분류할 수 있습니다.

1. 변수와 자료형

- 변수 : 데이터를 저장하는 메모리 공간을 의미합니다. 변수는 이름과 데이터 타입으로 선언됩니다.
- 자료형 : 변수의 타입을 결정하는 것으로, 정수형(int, long), 실수형(float, double), 문자형(char), 논리형(boolean) 등이 있습니다.

2. 연산자

- 산술 연산자 : +, −, *, /, % 등의 연산자로 계산을 수행합니다.
- 비교 연산자 : >, <, >=, <=, ==, != 등의 연산자로 비교를 수행합니다.
- 논리 연산자 : &&, ||, ! 등의 연산자로 논리 연산을 수행합니다.
- 대입 연산자 : =, +=, −=, *=, /=, %= 등의 연산자로 값을 대입합니다.

3. 제어문

- 조건문 : if−else문, switch문으로 조건에 따른 분기를 수행합니다.
- 반복문 : for문, while문, do−while문으로 반복적인 작업을 수행합니다.
- 분기문 : break문, continue문으로 분기를 수행합니다.

4. 배열

- 배열 : 같은 자료형의 데이터를 여러 개 저장할 수 있는 자료 구조입니다. 배열은 크기가 정해져 있으며, 인덱스로 값을 접근할 수 있습니다.

5. 함수

- 함수 : 프로그램에서 재사용 가능한 코드 블록입니다. 함수는 입력값을 받아 출력값을 반환할 수 있으며, 재사용성과 모듈화를 증가시킵니다.

이러한 자바 기초 문법을 잘 이해하면, 자바를 이용하여 다양한 프로그램을 개발할 수 있습니다.

강의 계획서와 개요를 만들어보았습니다. 다음은 강의에 사용할 자바 소스 코드 샘플을 생성해보겠습니다.

자바로 계산기 소스코드를 만들어줘

아래는 자바로 구현된 계산기 소스코드입니다. 간단한 사칙연산(+, −, *, /)을 수
행할 수 있습니다.

```java
import java.util.Scanner;

public class Calculator {
    public static void main(String[] args) {
        Scanner scanner = new Scanner(System.in);
        double num1, num2, result;
        char operator;

        System.out.println("Enter first number: ");
        num1 = scanner.nextDouble();
        System.out.println("Enter second number: ");
        num2 = scanner.nextDouble();
        System.out.println("Enter operator (+, -, *, /): ");
        operator = scanner.next().charAt(0);

        switch (operator) {
            case '+':
                result = num1 + num2;
                System.out.println(num1 + " + " + num2 + " = " + result);
                break;
            case '-':
                result = num1 - num2;
                System.out.println(num1 + " - " + num2 + " = " + result);
```

```
                    break;
            case '*':
                result = num1 * num2;
                System.out.println(num1 + " * " + num2 + " =
" + result);
                    break;
            case '/':
                if (num2 == 0) {
                    System.out.println("Cannot divide by
zero");
                } else {
                    result = num1 / num2;
                    System.out.println(num1 + " / " + num2 +
" = " + result);
                }
                    break;
            default:
                System.out.println("Invalid operator");
                    break;
        }
        scanner.close();
    }
}
```

위 소스코드에서는 Scanner 클래스를 사용해서 키보드에서 사용자 입력을 받고,
switch문으로 입력받은 연산자에 따라 각각의 사칙연산을 수행합니다. 예외 처
리로는, 0으로 나누는 경우 "Cannot divide by zero"라는 메시지를 출력하도록
구현했습니다.

이를 바탕으로 교사의 전문적인 지식과 커리큘럼을 추가하여 교육에 활용할 수 있습니다. 이 예시에서는 프로그램 개발을 사례로 들었지만, 국어, 영어, 사회, 음악 등 다양한 분야의 강의계획서를 만드는 데 활용할 수 있습니다.

4.1.3 자문형 챗봇

앞서 ChatGPT가 미국 의사 면허^{USMLE}, 미국 변호사$^{Bar\ Exam}$, 미국 회계사^{AICPA}, 와튼 MBA 등의 시험 등에 합격했다고 말씀드렸습니다. 또한 Common Crawl, WebText 등 약 735GB에 해당하는 인터넷 문서, 학술자료 등을 학습자료로 사용하였기 때문에 다양한 분야에서 자문과 답변을 받을 수 있습니다(표 4.4 참고).

구분	방식
건강	의료 상담, 통증 질문, 의약품 복용량, 복용 횟수
투자	부동산, 채권, 주식 전망 등
법률	법률 자문, 유사 사건 및 판례 검색
노무	노무 상담, 권리구제, 노무 진단, 노무 관련 법리 검토
세무	세금 계산, 세무 상담, 자문
기술	전기, 정보기술, 수리, 정비, 등
심리	심리상태에 대한 조언이나 해결책

표 4.4 ChatGPT 자문 모델

투자 분야에서는 특히 미국의 정부 정책, 기업의 IR 데이터나 재무 자료 수집, 과거 주식의 수익률 계산 등에 탁월한 성능을 보이고 있습니다. 다만 데이터를 직접 계산하는 것이 아니라 인터넷 등의 자료를 참고하여 제시하기 때문에 데이터를 수집한 뒤 직접 계산을 명령하면 정확도가 향상됩니다.

한동안 부동산 열풍이 불더니, 지금은 금리가 올라서 집값이 하락했습니다. 금리와 부동산의 관계가 어떻게 되는지를 질문해보았습니다.

 금리와 부동산 가격의 상관관계에 대해 알려줘

 금리와 부동산 가격은 서로 밀접한 상관관계를 가지고 있습니다. 일반적으로 금리가 낮아지면 부동산 가격은 상승하고, 금리가 높아지면 부동산 가격은 하락합니다.

금리가 낮아지면 대출이 유리해지기 때문에 부동산 구매에 대한 수요가 증가합니다. 또한, 대출금 이자가 낮아지기 때문에 부동산 구매에 대한 대출 수요도 증가하게 됩니다. 이는 부동산 시장에서 가격 상승 압력을 만들어냅니다.

반면에 금리가 높아지면 대출금 이자가 상승하게 되어 부동산 구매에 대한 수요가 감소합니다. 따라서 부동산 가격도 하락하게 됩니다.

하지만 부동산 가격에 영향을 미치는 요인은 금리뿐만 아니라 여러 가지가 있습니다. 예를 들어, 지역적인 요인, 경제 환경, 정책 등도 부동산 가격에 영향을 미칩니다. 따라서 금리와 부동산 가격의 상관관계는 일반적인 경향성을 보여주지만, 항상 그렇지는 않을 수 있습니다.

이 외에도 ChatGPT에게 투자전략을 물어볼 수도 있지만, **투자는 본인의 책임**
이라는 사실을 기억해야 합니다. ChatGPT는 실시간으로 답변을 제공하는 것
이 아니라 과거의 데이터를 학습해서 답변하므로 **현재 상황과 맞지 않거나, 그럴**
듯한 답변을 만들어낼 수 있다는 점을 다시 한번 주의하여야 합니다. 6장, 'ChatGPT
의 한계와 시사점'을 참고하시기 바랍니다.

4.1.4 창작형 챗봇

GPT는 인공지능 모델 중에서도 LLM으로 불리는 거대 언어 모델이라고 설
명했습니다. 또한 생성적 모델Generative Model로 다양한 분야의 창작을 지원
할 수 있습니다.

과거 자연어 처리는 모호성, 유의성, 중의적 표현, 동음이의어 처리, 고차원
적 추론 등의 문제로 한계가 있다고 여겨져 왔지만, ChatGPT는 이러한 한
계를 성공적으로 극복하였습니다.

ChatGPT는 주로 영화 시나리오, 소설, 노래 가사, 제품 전단지, 광고 대본,
금융 보고서, 계약서, 제안서, 강의 커리큘럼, 수필, 뉴스 기사, 블로그 글,
기술 보고서, 비즈니스 계획서, 기금 지원 신청서, 제품 설명서, 사용자 설
명서, 법적 문서, 계약서, 이력서, 자기소개서, 시, 짧은 이야기, 연설문, 설
교문, 여행안내서, 교재, 일기, 추천서, 채용 광고, 안내서 등 자연어 처리에
특화되어 있으며 프롬프트 응용이나 플러그인을 통해 표 4.5와 같은 창작
형 작업도 처리할 수 있습니다.

구분	방식
글쓰기	시, 보고서, 보도자료, 자기소개서 및 문서의 제목, 목차, 내용
그림 그리기	DALL·E, Stable Diffusion 등 그림 생성 모델의 프롬프트 생성
음악 작곡	악보 및 가사 생성
대본 작성	유튜브 스크립트, 연극 대본 등
논리 생성	특정 주제에 대한 찬성 또는 반대 논리 생성

표 4.5 ChatGPT 생성적 모델

음악 작곡을 위해 악보를 요청하였습니다.

 봄을 소재로 한 짧은 음악을 만들어줘. 가사는 빼고 악보만 써줘.

 다음은 봄에 관한 노래의 짧은 멜로디입니다.

```makefile
X:1
T:Springtime Melody
M:4/4
L:1/4
K:C
G G A B | c2 c2 | B A G F | E2 E2 |
G G A B | c2 c2 | B A G F | E2 E2 |
G G A B | c2 c2 | B A G F | E2 E2 |
G G A B | c2 c2 | B A G F | E2 E2 |
```

이렇게 만들어진 코드는 Logic pro(DAW) 등의 프로그램에 입력하여 음악을 만들 수 있습니다. 필요하면 비트나 피아노, 기타, 베이스 등의 소리를 추가하여 더욱 풍성하게 만들 수 있습니다.

4.1.5 업무용 챗봇

ChatGPT는 업무를 완전히 대체하기에는 아직 이르지만 표 4.6과 같이 기획, 행정, 문서작업 등에 보조적으로 활용할 수 있습니다.

구분	방식
자료 조사	전문지식, 논문, 정책사례 등 자료 조사 및 결과정리
기획·분석	거시·미시 환경분석(SWOT, 5 Force 등), 아이디어 도출
문서 작성	문서 제목, 목차, 내용 등 생성, 녹음파일 요약 등
행정 업무	영어 번역, 요약, 교정, 이메일 답장, 엑셀함수 생성 등
마케팅	블로그, 홍보 및 보도자료 작성
SW개발	코드리뷰, 에러 분석, 코드 리팩토링, 주석 달기

표 4.6 ChatGPT 업무 모델

예를 들어, 제가 음료시장에 대한 기획·분석을 하고 싶은 기획자 또는 학생이라고 가정해보겠습니다. 즐겨 마시는 탄산수의 분석을 위해 제안서나 발표자료를 준비해야 하는데 어떻게 해야 좋을지 모르는 상황입니다.

탄산수 시장분석을 위한 분석 방법론을 추천해줘

탄산수 시장분석을 위한 분석 방법론으로는 다음과 같은 것들이 있습니다:

SWOT 분석

탄산수 시장의 강점, 약점, 기회, 위협 요인을 파악하여 시장 동향을 예측하고 차별화된 전략을 수립할 수 있습니다.

PESTEL 분석

정치(Political), 경제(Economic), 사회(Social), 기술(Technological), 환경(Environmental), 법률(Legal) 등의 요인을 분석하여 시장 환경을 파악합니다.

5 Forces 분석

공급자, 구매자, 대체 제품, 새로운 진출자, 경쟁사와 같은 5개의 요인을 분석하여 시장 내 경쟁 상황을 파악합니다.

시장 세분화 및 타겟팅

소비자의 다양한 취향과 요구사항에 따라 시장을 세분화하고, 각 세그먼트에 대한 제품 개발 및 마케팅 전략을 수립합니다.

유통 채널 분석

- 제품 판매를 위한 유통 채널과 각 채널에서의 수익 모델을 분석합니다.

- 각 유통 채널에서의 경쟁사와의 차별화된 전략을 수립합니다.

SWOT 분석이 강점과 약점 시장 동향을 예측하고 차별화 전략을 수립하는데 도움이 된다고 합니다. "탄산수에 대해 SWOT 분석해줘"라고 요청했습니다.

탄산수에 대해 SWOT 분석해줘

 탄산수에 대한 SWOT 분석은 다음과 같이 요약될 수 있습니다:

강점(Strengths) :

- 탄산수는 비만 및 기타 건강 문제에 기여할 수 있는 단 음료에 대한 더 건강한 대안입니다.
- 단독으로 또는 주류의 믹서로 즐길 수 있는 상쾌한 음료입니다.

많은 사람들이 탄산수의 부글부글 끓음이 만족스럽고 즐겁다고 생각합니다.

약점(Weaknesses) :

- 탄산수는 소다나 주스와 같은 다른 음료만큼 인기가 없기 때문에 시장 잠재력이 제한될 수 있습니다.
- 탄산수의 맛을 즐기지 못하는 사람도 있어 고객 유치 및 유지에 어려움이 있을 수 있습니다.

페트병 생산 및 폐기 등 탄산수 생수의 환경적 영향에 대한 우려가 있습니다.

기회(Opportunities):

- 건강에 대한 관심이 높아짐에 따라 탄산수 등 건강에 좋은 저칼로리 음료 시장이 확대되고 있습니다.
- 탄산수는 다양한 천연 향료로 맛을 낼 수 있어 일반 물에 대한 더 흥미롭고 풍미 있는 대안을 찾는 소비자에게 어필할 수 있습니다.

탄산수는 칵테일용 믹서로 판매될 수 있어 더 많은 고객을 유치할 수 있습니다.

위협(Threats):

- 음료 산업의 경쟁이 심화되어 탄산수 브랜드가 두각을 나타내기 어려울 수 있습니다.
- 탄산수 제조 및 포장 비용으로 인해 이윤이 제한되고 다른 음료와의 경쟁이 어려울 수 있습니다.
- 재사용이 가능하고 환경 친화적인 포장을 선호하는 경향이 있어 탄산수 판매에 타격을 줄 수 있습니다.

ChatGPT의 답변을 SWOT에서 많이 사용하는 표 4.7의 프레임워크로 옮겨보았습니다. 별도의 수정 작업을 거치지 않았다는 것을 참고하시기 바랍니다.

강점(Strengths)	약점(Weaknesses)
• 탄산수는 비만 및 기타 건강 문제에 기여할 수 있는 단 음료에 대한 더 건강한 대안입니다. • 단독으로 또는 주류의 믹서로 즐길 수 있는 상쾌한 음료입니다. • 많은 사람이 탄산수의 부글부글 끓음이 만족스럽고 즐겁다고 생각합니다.	• 탄산수는 소다나 주스와 같은 다른 음료만큼 인기가 없기 때문에 시장 잠재력이 제한될 수 있습니다. • 탄산수의 맛을 즐기지 못하는 사람도 있어 고객 유치 및 유지에 어려움이 있을 수 있습니다. • 페트병 생산 및 폐기 등 탄산수 생수의 환경적 영향에 대한 우려가 있습니다.
기회(Opportunities)	위협(Threats)
• 건강에 대한 관심이 높아짐에 따라 탄산수 등 건강에 좋은 저칼로리 음료 시장이 확대되고 있습니다. • 탄산수는 다양한 천연 향료로 맛을 낼 수 있어 일반 물에 대한 더 흥미롭고 풍미 있는 대안을 찾는 소비자에게 어필할 수 있습니다. • 탄산수는 칵테일용 믹서로 판매될 수 있어 더 많은 고객을 유치할 수 있습니다.	• 음료 산업의 경쟁이 심화되어 탄산수 브랜드가 두각을 나타내기 어려울 수 있습니다. • 탄산수 제조 및 포장 비용으로 인해 이윤이 제한되고 다른 음료와의 경쟁이 어려울 수 있습니다. • 재사용이 가능하고 환경 친화적인 포장을 선호하는 경향이 있어 탄산수 판매에 타격을 줄 수 있습니다.

표 4.7 분석 결과를 보기 좋게 편집한 결과

사례를 위해 ChatGPT의 답변을 그대로 옮겨 넣었지만 실제로 업무나 과제를 그대로 하는 것은 좋지 않습니다. 아이디어 도출이나 방향성을 설정하는 용도로 활용하고, 실제로 자신의 생각과 전략을 추가하면 초안으로 괜찮은 수준의 SWOT 분석 결과를 생성할 수 있습니다.

이렇게 분석한 결과를 바탕으로 설문조사를 진행해보겠습니다. 설문조사는 객관식 또는 주관식 등의 리커드 척도[1] 형태로 ChatGPT에게 요청할 수 있습니다.

---

1   리커트 척도는 설문 조사 등에 사용되는 조사방식으로 문장을 제시하고 대답하는 형식이다. 일반적으로 동의 또는 비동의 항목을 5개로 구성한 5점 척도(전혀 그렇지 않다, 그렇지 않다, 보통이다 등)나 7점 척도를 많이 사용한다.

탄산수 시장 분석을 위한 5점 척도 설문지를 만들어줘

1. 탄산수를 얼마나 자주 구매하시나요?

매일, 주당 몇 번, 한 달에 한 번, 드물게, 전혀 구매하지 않음

2. 탄산수를 선택할 때 어떤 기준을 가장 중요하게 생각하시나요?

맛, 건강/영양성분, 브랜드, 가격, 포장/디자인

3. 어떤 종류의 탄산수를 선호하시나요?

일반탄산수, 청량/탄산감이 강한 탄산수, 미네랄 워터, 체리, 레몬 등 특별한 맛이 있는 탄산수, 기타(직접 입력)

4. 탄산수를 구매할 때 어떤 매장을 이용하시나요?

대형마트, 편의점, 슈퍼마켓, 인터넷 쇼핑몰, 기타(직접 입력)

5. 다음 중 가장 선호하는 탄산수 브랜드는 무엇인가요? (다중 선택 가능)

코카콜라, 펩시, 프리미엄 워터, 데미소다, 기타(직접 입력)

SWOT 분석과 설문조사 결과를 바탕으로 사업전략을 수립하는 데 활용할 수 있습니다. 또한, 마케팅이나 보도자료 초안을 만들 수도 있습니다. 예를 들어 영어학원 홈페이지 개편에 관한 보도자료를 만들어 보겠습니다.

AA 영어학원 홈페이지 개편에 대한 보도자료 만들어줘, 접근하기 쉽게 다양한 기기에서 온라인 교육을 들을 수 있어

AA English Academy, 기기 간 접근성 향상을 위한 웹사이트 개편 발표

[시, 주] – 온라인 영어 교육 과정의 선도적인 제공업체인 AA English Academy는 다양한 장치에서 접근성을 개선하기 위해 웹사이트의 대대적인 개편을 발표했습니다. 새로운 웹사이트는 반응형 디자인을 갖추고 있어 학생들이 컴퓨터, 태블릿 또는 스마트폰에서 쉽게 코스에 액세스할 수 있습니다.

AA English Academy의 CEO인 John Smith는 "우리는 학생들이 다양한 장치를 사용하여 온라인 과정에 액세스한다는 사실을 이해하고 있으며 웹사이트가 모든 장치에 최적화되어 있는 것이 중요합니다."라고 말했습니다. "이 개편을 통해 우리 학생들은 어디에 있든 더 쉽게 코스에 접근하고 영어 교육을 계속할 수 있습니다."

새 웹사이트에는 사용자화면 크기에 적응하는 반응형 디자인이 포함되어 있어 모든 장치에서 웹사이트를 쉽게 사용하고 탐색할 수 있습니다. 제공되는 과정도 모바일 장치에 최적화된 새로운 과정을 포함하도록 업데이트되어 학생들이 이동 중에도 더 쉽게 공부할 수 있습니다.

업데이트된 디자인 및 코스 제공 외에도 새 웹 사이트에는 보다 강력한 고객 지원 섹션이 포함되어 있습니다. 학생들은 자주 묻는 질문에 대한 답변을 쉽게 찾고, 고객 지원에 도움을 요청하고, 코스에서 성공하는 데 도움이 되는 추가 리소스에 액세스할 수 있습니다.

"우리는 이 새롭고 개선된 웹사이트를 개시하게 되어 기쁘고 그것이 우리 학생들을 위한 학습 경험을 크게 향상시킬 것이라고 믿습니다."라고 Smith는 말했습니다. "우리는 학생들이 교육 목표를 달성할 수 있도록 가능한 최고의 리소스를 제공하기 위해 최선을 다하고 있습니다."

새로운 웹사이트는 현재 운영 중이며 모든 AA English Academy 학생들이 이용할 수 있습니다. 자세한 내용은 www.aaenglishacademy.com을 참조하십시오.

미디어 연락처: 제인 도우
jane.doe@aaenglishacademy.com
555-1234

프롬프트에 "접근하기 쉽고, 다양한 기기에서 온라인 교육을 들을 수 있다"라는 조건을 추가하여 원하는 방향으로 보도자료 작성을 요청하였습니다. 회사 이름, 담당자명 등 일부 키워드나 어색한 문장을 조정하면 보도자료 초안이 완성됩니다.

4.2 ChatGPT 어떻게 활용하나요?

4.2.1 문서요약(논문, 보고서 등)

ChatGPT는 자연어 처리 모델이기 때문에 글을 창작하거나 보고서나 레포트, 또는 자료들을 요약하고 번역하는 데 장점이 있습니다. 긴 문장을 요약하거나 키워드 추출, 문체를 변경하는 등 다양한 용도로 활용할 수 있는 것입니다.

먼저 긴 문장을 요약해보겠습니다. 우리 책의 첫 번째 장을 3줄로 요약해 달라고 하였습니다.

아래 문장을 3줄로 요약해줘

영국 인디펜던트지는 2022년 12월 2일 보도를 통해 구글은 끝났다고 보도하였습니다. ChatGPT가 무엇이길래 세계 최대의 IT 기업 중 하나인 구글이 끝났다는 기사가 나왔을까요? MS는 ChatGPT를 개발한 OpenAI에 100억 달러(약 12조 4천억) 규모의 투자계획을 수립했습니다. 그리고 구글은 ChatGPT가 검색엔진에 심각한 위협을 준다고 판단하여 코드 레드를 발령했습니다. 또한 ChatGPT에 맞설 스타트업에 5천억 원을 투자한다고 밝혔습니다. 가입자 수 100만 명을 달성하기까지 넷플릭스는 3.5년, 트위터는 2년, 인스타그램은 2.5개월이 걸렸습니다. ChatGPT는 단 5일이 소요되었고, 1억 명을 달성하는 데 2개월밖에 걸리지 않았습니다. 이는 웹과 앱 중에서 역사상 가장 빠른 속도로 이용자 수가 증가한 것으로 기존의 인공지능보다 월등한 시장 파급력을 보이고 있습니다. ChatGPT는 단순한 입력을 통해 짧은 시간 내에 다양한 문제를 해결할 수 있고, 비교적 사용자의 필요에 부합하는 결과를 내놓으면서 입소문을 타면서 순식간에 사용자가 증가했습니다. 그러자 구글은 지난 2월 6일 바드(Bard)라는 인공지능(AI) 기반 정보서비스를 공개했습니다. 그러자 바로 다음 날 마이크로소프트는 검색엔진 Bing과 Edge 브라우저, ChatGPT 결합 서비스를 발표했습니다. 이날 마이크로소프트는 PDF 파일을 요약하는 시연을 선보여 놀라움을 주기도 했습니다. ChatGPT가 무엇이길래 글로벌 IT 기업들이 경쟁적으로 인공지능 서비스를 출시하고, 긴장하는 걸까요?

영국 인디펜던트지가 구글이 ChatGPT로 인해 위협을 받고 있다고 보도하자, 구글은 스타트업에 5천억 원을 투자하고 코드 레드를 발령했다. ChatGPT는 빠른 이용자 증가 속도로 글로벌 IT 기업들의 경쟁과 긴장을 불러일으키며, 다양한 문제를 해결하는 인공지능으로 입소문을 타고 있다.

중요한 내용들이 간략히 요약되었습니다. 빠른 시간이 소요되는 작업에서 ChatGPT의 자연어 처리능력은 도움이 될 수 있습니다. 이 문장에서 핵심 키워드를 추출해보았습니다.

이 문장에서 중요한 키워드 3개만 뽑아줘

키워드 : 인공지능, 서비스 출시, 경쟁

앞의 문장을 기억하고, 문장의 핵심이 되는 키워드들이 추출되었습니다. 문장의 톤이나 문체를 변경할 수도 있습니다. 8.1절의 'ChatGPT 문장의 톤^{Tone}'을 참고해 유머러스하게 변경해보겠습니다.

아래 문장을 다음 tone으로 변경해줘

tone : Humorous

영국 인디펜던트지는 2022년 12월 2일 구글이 망한 것으로 보도했습니다! 뭐, 뭐라고요? ChatGPT가 나타났기 때문입니다! 그렇습니다, 세상에서 가장 유머러스하면서도 끝내주는 인공지능 ChatGPT가 나타난 것입니다! 구글은 매우 경계하고 있으며, 이제는 ChatGPT와 경쟁하기 위해 5천억 원을 투자하는 스타트업을 지원할 것이라고 밝혔습니다. 그리고 바로 다음 날, 마이크로소프트는 ChatGPT와 함께 Bing 검색엔진과 Edge 브라우저를 발표하면서, 구글에게 경쟁적인 도전을 던지기도 했습니다! 이게 무슨 소리냐구요? 이것은 ChatGPT가 역사상 가장 빠르게 성장하는 인공지능으로 자리 잡았기 때문입니다! 이런 초능력을 지닌 ChatGPT, 그리고 이제 세상은 더 이상 예전과 같지 않습니다!

문장의 톤이나 문체를 변경하여 보다 전문적이거나, 친근하거나, 논쟁적인 글로 변경할 수 있습니다. 8장의 참고자료를 활용하여 다양한 시도를 해보시기 바랍니다.

4.2.2 영문 번역

ChatGPT가 가장 뛰어난 분야 중 하나는 영어 문장을 처리하는 능력입니다. 특히 번역이나 영문교정, 영문 글쓰기 등 다양한 분야에서 ChatGPT를 활용할 수 있습니다.

일반으로 많이 사용되는 영문 메일 번역을 해보겠습니다. 제가 기존에 제출한 제안서의 진행사항에 대해 문의하는 이메일입니다. Writing Style은 8.2절을 참고하였습니다.

아래 문장을 영어로 번역해줘.

Writing Style : Professional :

안녕하세요. 홍길동님

A기업 이순신입니다. 저희 회사 제품이 관심을 가져주셔서 진심으로 감사드립니다.

앞서 이메일로 제출한 건설기계 제품에 대한 제안서의 검토 진행사항이 어떻게 되고 있는지 궁금하여 메일 드립니다.

감사합니다.

Dear Teacher Hong Gil-dong,

This is Lee Soon-shin from A Company. Thank you very much for your interest in our company's products.

I am writing to inquire about the progress of the review of the construction machinery product proposal that we submitted via email earlier. Could you please let us know the status of the review?

Thank you.

답변이 의도대로 잘 번역되었는지 복사하여 DeepL(그림 4.2)에서 확인해 보겠습니다.

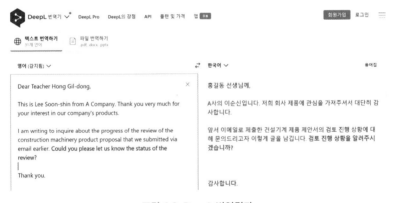

그림 4.2 DeepL 번역결과

의도하지 않았던 Teacher라는 단어가 생성되어 변경하였습니다. 이렇게 영어 문서나 영문 이메일을 작성할 수 있을 뿐만 아니라 문법 교정에 활용할 수도 있습니다.

영어 문서를 본다고 가정해보겠습니다. 영어 문서라고 해서 부담을 가지실 필요는 없습니다. 여러 사람의 동료 검토를 거쳐 검증된 문서라고 생각하면 됩니다. ChatGPT와 관련된 논문에는 어떤 내용이 있을까요?

"9장. 참고문헌 및 사이트"에는 이 책을 집필하는 데 참고한 문헌들이 나와있습니다. 그 중 OpenAI에서 발표한 "[22] Improving language understanding by generative pre-training" 논문을 살펴보겠습니다.

구글에서 해당 논문 제목을 검색하였습니다. 검색결과는 그림 4.3입니다.

그림 4.3 논문 검색결과

첫 번째 링크를 클릭하여 논문의 내용(그림 4.4)을 확인합니다.

Improving Language Understanding
by Generative Pre-Training

Alec Radford
OpenAI
alec@openai.com

Karthik Narasimhan

karthi

Tim Salimans

.com

Ilya Sutskever
OpenAI
ilyasu@openai.com

텍스트 복사

Natural language understanding comprises a wide range of diverse tasks such as textual entailment, question answering, semantic similarity assessment, and document classification. Although large unlabeled text corpora are abundant, labeled data for learning these specific tasks is scarce, making it challenging for discriminatively trained models to perform adequately. We demonstrate that large gains on these tasks can be realized by *generative pre-training* of a language model on a diverse corpus of unlabeled text, followed by *discriminative fine-tuning* on each specific task. In contrast to previous approaches, we make use of task-aware input transformations during fine-tuning to achieve effective transfer while requiring minimal changes to the model architecture. We demonstrate the effectiveness of our approach on a wide range of benchmarks for natural language understanding. Our general task-agnostic model outperforms discriminatively trained models that use architectures specifically crafted for each task, significantly improving upon the state of the art in 9 out of the 12 tasks studied. For instance, we achieve absolute improvements of 8.9% on commonsense reasoning (Stories Cloze Test), 5.7% on question answering (RACE), and 1.5% on textual entailment (MultiNLI).

1 Introduction

The ability to learn effectively from raw text is crucial to alleviating the dependence on supervised learning in natural language processing (NLP). Most deep learning methods require substantial amounts of manually labeled data, which restricts their applicability in many domains that suffer from a dearth of annotated resources [61]. In these situations, models that can leverage linguistic information from unlabeled data provide a valuable alternative to gathering more annotation, which can be time-consuming and expensive. Further, even in cases where considerable supervision is available, learning good representations in an unsupervised fashion can provide a significant performance boost. The most compelling evidence for this so far has been the extensive use of pre-trained word embeddings [10, 39, 42] to improve performance on a range of NLP tasks [8, 11, 26, 45].

그림 4.4 논문 내용

일반적으로 논문은 전체 내용을 요약해놓은 초록[Abstract]이 가장 앞에 나와 있습니다. 연구자들은 초록을 보고 내가 찾는 분야인지, 관심있는 논문인지를 판단합니다. 초록을 복사하여 ChatGPT에게 번역을 요청하였습니다.

한글로 번역해줘

Naturallanguageunderstandingcomprisesawiderangeofdiversetask
ssuch astextualentailment,questionanswering,semanticsimilaritya
ssessment,and documentclassification.Althoughlargeunlabeledtex
tcorporaareabundant, labeleddataforlearningthesespecifictasksis
scarce,makingitchallengingfor discriminativelytrainedmodelstoper
formadequately.Wedemonstratethatlarge gainsonthesetaskscanb
erealizedbygenerativepre-trainingofalanguagemodel onadiversec
orpusofunlabeledtext,followedbydiscriminativefine-tuningoneach
specifictask.Incontrasttopreviousapproaches,wemakeuseoftask-
awareinput transformationsduringfine-tuningtoachieveeffectiv
etransferwhilerequiring minimalchangestothemodelarchitecture.
Wedemonstratetheeffectivenessof ourapproachonawiderangeofbench
marksfornaturallanguageunderstanding. Ourgeneraltask-agnosticmode
loutperformsdiscriminativelytrainedmodelsthat usearchitecturesspecifi
callycraftedforeachtask,significantlyimprovinguponthe stateoftheartin
9outofthe12tasksstudied.Forinstance,weachieveabsolute improvement
sof8.9%oncommonsensereasoning(StoriesClozeTest),5.7%on questiona
nswering(RACE),and1.5%ontextualentailment(MultiNLI).

자연어 이해(Natural Language Understanding)는 텍스트 추론, 질문 응답, 의미 유사성 평가, 문서 분류와 같은 다양한 작업들로 구성됩니다. 비록 큰 미분류 텍스트 말뭉치는 풍부하지만, 이러한 구체적인 작업을 학습할 레이블 데이터는 부족하여, 구별적으로 훈련된 모델들이 충분히 수행하기 어려워집니다. 우리는 레이블이 지정되지 않은 다양한 말뭉치에 대한 생성적 사전 훈련 후, 각 특정 작업에 대한 구별적인 세밀 조정으로 큰 이득을 볼 수 있다는 것을 증명합니다. 이전 방법과 대조적으로, 우리는 세밀한 조정 중에 작업에 대한 입력 변환을 고려하여 모델 아키텍처를 최소한 변경하면서도 효과적인 전이를 달성합니다. 우리의 방법의 효과를 증명하기 위해 다양한 벤치마크에서 자연어 이해를 위한 우리의 일반적인 작업 무관 모델은 각 작업에 특별히 제작된 아키텍처를 사용하는 구별적으로 훈련된 모델보다 우수한 성능을 보입니다. 예를 들어, 우리는 Commonsense Reasoning (Stories Cloze Test)에서 8.9%, Question Answering (RACE)에서 5.7%, 그리고 Contextual Entailment (MultiNLI)에서 1.5%의 절대적인 성능 향상을 달성합니다.

자세히 보면 질문에 띄어쓰기가 되어있지 않습니다. PDF 파일을 복사하다 보면 이렇게 띄어쓰기나 줄바꿈이 되지 않아 보기가 불편합니다. 그러나 ChatGPT는 띄워쓰기나 줄바꿈을 정확히 인식하고 번역을 수행하였습니다.

그래도 아직 읽기가 불편하다면 아래와 같이 요약을 요청할 수도 있습니다.

3줄로 요약해줘

이 연구는 레이블이 지정되지 않은 대규모 텍스트 말뭉치에서 생성적 사전 훈련을 통해 자연어 이해 작업에 대한 성능을 향상시키는 방법을 제시합니다. 구별적으로 훈련된 모델보다 우수한 성능을 보이며, 세밀한 입력 변환을 통해 모델 아키텍처를 변경하지 않고도 효과적인 전이를 달성합니다. 이를 통해 자연어 이해 작업에 대한 효율적이고 성능 뛰어난 모델을 구축할 수 있습니다.

이렇게 관심있는 분야의 논문이나 영어 문서를 찾아보고 이해할 수 있습니다.

4.2.3 영어 회화

지금까지 우리는 텍스트 입력을 통해 ChatGPT와 대화했습니다. 이번 장에서는 마이크를 통해 ChatGPT와 대화하고 영어 회화를 하는 방법에 대해 알아보겠습니다. ChatGPT 플러그인 중 "Talk to ChatGPT"를 사용하면 마이크를 통해 영어 회화, 문법 교정, 발음교정 등에 활용할 수 있습니다.

1. 구글 크롬 웹스토어를 검색합니다(그림 4.5 참조).

그림 4.5 크롬 웹스토어 검색

2. 우측 상단 검색창에 "Talk to ChatGPT"를 검색합니다. 그림 4.6의 오른쪽 Chrome에 추가 ➤ 확장프로그램에 추가를 클릭합니다.

그림 4.6 Talk-to-ChatGPT 설치화면

3. ChatGPT에 접속하면 그림 4.7과 같이 우측 상단에 START 버튼을 클릭합니다.

그림 4.7 Talk-to-ChatGPT 설치 결과

4. 마이크 버튼이 표시된 상태에서 ChatGPT에게 하고 싶은 말을 영어로 질문하면 됩니다.

그림 4.8 Talk-to-ChatGPT 실행 화면

그림 4.8의 메뉴는 순서대로 다음과 같이 사용합니다.

- 마이크 버튼을 클릭하면 녹음상태가 중단됩니다.
- 스피커 버튼은 음성을 끄고 싶을 때 사용합니다.
- 답변 도중 중단할 수 없으므로 빨리 감기를 사용합니다.
- 상태 창 하단은 마이크 녹음상태에서는 빨간색, GPT가 답변할 때는 초록색으로 표시됩니다.

만약 답변이 기계음성처럼 어색하게 들린다면 톱니 모양의 환경설정 버튼을 눌러 **AI voice and language**와 **Speech recognition language** 설정을 그림 4.9와 같이 변경합니다.

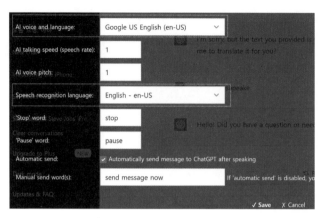

그림 4.9 Talk-to-ChatGPT 환경설정

영어로 입력하기 위해서는 **Speech recognition language**를 "English"로 설정하고, 한글로 입력하기 위해서는 "한국어"로 선택합니다.

마찬가지로 ChatGPT의 답변을 영어로 받기 위해서는 **AI voice and language**를 "Google US English"로, 한글로 받기 위해서는 "Microsoft Heami – Korean"으로 선택합니다.

마이크에 대고 음성으로 저녁 메뉴를 추천해달라고 말해보았습니다. 영작이 익숙하지 않은 경우 DeepL 또는 파파고 등을 통해 한글을 영어로 번역해서 질문하는 방법도 있습니다.

can you recommend it to my dinner menu

Sure, I can recommend a dinner menu for you. Here's a three-course meal that you might enjoy:

Starter:

Roasted Tomato Soup with Garlic Croutons. This creamy and delicious soup is perfect for a cozy night in. You can roast the tomatoes and prepare the croutons ahead of time, and then quickly blend the soup right before serving.

Main course:

Grilled Salmon with Lemon and Herb Butter. This fresh and flavorful salmon dish is sure to impress. Simply grill the salmon and serve it with a dollop of lemon and herb butter for a delicious and healthy dinner.

Side dish:

Roasted Brussels Sprouts with Bacon and Balsamic Glaze. This side dish is a crowd pleaser and pairs perfectly with the grilled salmon. Roasting the Brussels sprouts with bacon adds a smoky flavor, and the balsamic glaze adds a tangy sweetness.

Dessert:

Chocolate Mousse with Whipped Cream and Berries. This decadent dessert is the perfect way to end the meal. The rich and creamy chocolate mousse is lightened up with a dollop of whipped cream and fresh berries on top.

I hope this menu provides some inspiration for your dinner tonight!

ChatGPT 또는 프롬프트 지니를 이용하여 질문이나 대화문을 만들어달라고 한 뒤 따라 읽으면서 회화연습을 할 수 있습니다. 또한 ChatGPT에게 여행이나 면접, 병원 방문 등 다양한 상황의 대본을 요청하여 대화하거나, 문법이나 표현을 수정해달라고 요청할 수 있습니다.

마이크가 잘 인식되지 않을 때는 브라우저를 종료 후 재실행하거나, 구글에서 "Web Speech API Demonstration"을 검색한 후 사이트에서 마이크 상태를 확인할 수 있습니다.

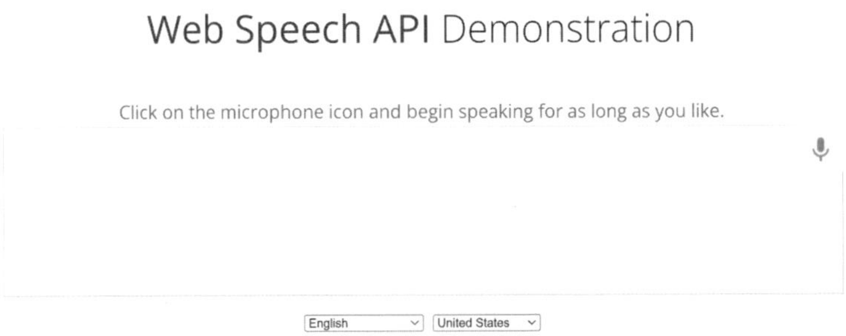
Web Speech API Demonstration
Click on the microphone icon and begin speaking for as long as you like.
English
United States

그림 4.10 마이크 테스트

그림 4.10의 오른쪽 상단의 회색 마이크 아이콘을 눌러서 마이크 상태를 확인할 수 있습니다. 볼륨이 너무 작으면 잘 작동되지 않을 수 있습니다.

4.2.4 프로그래밍 학습

이번 절에서는 가장 많이 사용되는 언어 중 하나인 파이썬을 중심으로 공부하는 방법에 대해 알아보겠습니다. 이번 장을 실습하기 위해서는 프로그래밍 경험이 없어도 괜찮습니다. 어렵게 생각하지 마시고 천천히 따라해보시기 바랍니다. 프로그램 개발에 이미 능숙하신 분들은 이 장을 참고하여 다른 언어를 공부하거나 소스코드 마이그레이션, 오류 찾기 등에 활용할 수 있습니다.

학습은 별도의 설치 없이 구글 코랩을 활용합니다. 구글 코랩은 Google Colaboratory의 약자로 브라우저 내에서 파이썬 스크립트를 작성하고 실행할 수 있습니다. 별도의 설치 과정이 필요없고, 무료로 구글의 GPU를 활용할 수 있다는 장점이 있습니다. 검색 사이트에서 구글 코랩을 검색하거나 아래의 주소로 접속합니다.

- **구글 코랩 접속 주소** : https://colab.research.google.com/?hl=ko

구글 코랩 사용을 위해서는 구글 아이디가 필요합니다. 구글 아이디로 로그인을 하면 그림 4.11의 접속 화면을 볼 수 있습니다.

그림 4.11 구글 코랩 접속 화면

그림 4.12의 **파일 ➤ 새 노트**를 클릭하여 새로운 개발환경을 생성합니다.

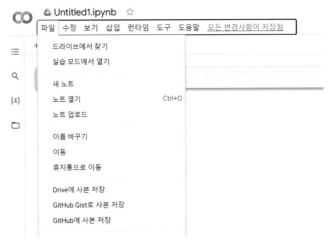

그림 4.12 구글 코랩 메뉴

그림 4.13의 ①은 소스코드를 실행하는 버튼입니다. 소스코드를 입력한 후 ①번을 클릭하거나 **Shift + Enter** 키를 입력하면 프로그램이 실행됩니다.

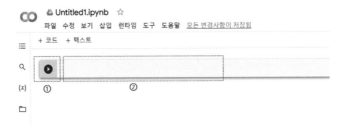

그림 4.13 구글 코랩 화면구성

②번은 파이썬 소스코드를 입력하는 부분입니다. 이제 다시 ChatGPT 화면으로 가겠습니다. ChatGPT에게 구글 코랩에서 동작가능한 계산기 코드를 만들어달라고 요청하였습니다.

 구글 코랩에서 동작하는 계산기 파이썬 코드를 만들어줘

 물론이죠! 파이썬으로 간단한 계산기를 만들어보겠습니다.

```python
while True:
    try:
        # 사용자로부터 수식을 입력받습니다.
        equation = input("계산할 수식을 입력하세요: ")

        # 입력받은 수식을 계산하고 결과를 출력합니다.
        result = eval(equation)
        print("결과는 {}입니다.".format(result))
    except (SyntaxError, NameError, ZeroDivisionError,
TypeError, ValueError):
        print("올바른 수식을 입력하세요.")
    except KeyboardInterrupt:
        print("프로그램을 종료합니다.")
        break
```

생성된 소스코드를 구글 코랩에 그대로 붙여넣은 다음 실행 버튼을 클릭하였습니다. 잠시 후 그림 4.14와 같이 "계산할 수식을 입력하세요 : "라는 창이 생성되었습니다.

그림 4.14 계산기 실행화면

수식 입력 창에 "7*8"을 입력하면 그림 4.15와 같이 결과 값 "56"을 확인할 수 있습니다.

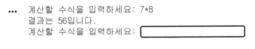

그림 4.15 계산기 실행결과

이런 형태로 파이썬뿐만 아니라 여러가지 언어로 소스코드를 개발할 수 있습니다. 기본적으로 소스코드를 설명하는 주석이 생성되었지만 전체 구조를 이해하기 위해 상세한 설명을 요청해 보겠습니다.

생성한 소스코드에 대해 설명해줘

물론이죠! 파이썬으로 간단한 계산기를 만들어보겠습니다.

코드를 한 줄씩 살펴보면 다음과 같습니다.

- `while True:` : 무한 루프를 시작합니다.

- `try:` : 예외가 발생할 가능성이 있는 코드를 작성합니다.

- `equation = input("계산할 수식을 입력하세요: ")` : 사용자로부터 수식을 입력받습니다.

- `result = eval(equation)` : 입력받은 수식을 계산합니다. `eval()` 함수를 사용하여 수식을 계산하며, 결과는 `result` 변수에 저장됩니다.

- `print("결과는 {}입니다.".format(result))` : 계산 결과를 출력합니다.

- `except(SyntaxError,NameError,ZeroDivisionError,TypeError, ValueError):` : try 블록에서 발생한 예외를 처리합니다. 여기서는 입력한 수식이 잘못된 경우에 발생하는 예외를 처리합니다.

- `print("올바른 수식을 입력하세요.")` : 잘못된 수식이 입력된 경우 메시지를 출력합니다.

- `except KeyboardInterrupt:` : 사용자가 Ctrl+C를 누르거나 Interrupt execution 버튼을 클릭하여 프로그램을 종료하려고 할 때 발생하는 예외를 처리합니다.

- `print("프로그램을 종료합니다.")` : 프로그램 종료 메시지를 출력합니다.

- `break` : while 루프를 종료합니다.

이 코드는 무한 루프를 실행하여 사용자로부터 계속해서 수식을 입력받고, 입력받은 수식을 계산하여 결과를 출력합니다. 만약 입력한 수식이 잘못된 경우에는 에러 메시지를 출력합니다. 프로그램을 종료하려면 Ctrl+C를 누르거나 Interrupt execution 버튼을 클릭합니다.

필요한 경우 while 구문이나 다른 소스코드에 대해 추가설명을 요청할 수 도 있습니다. 소스코드 오류나 버그를 찾기 위한 디버깅에 활용할 수도 있습니다.

예를 들어 앞서 생성한 소스코드에서 "SyntaxError"을 "SyntaxEror"로 입력하여 고의적으로 프로그램 오류를 발생시켰습니다.

그림 4.16 소스코드 오류

그림 4.16의 프로그램의 오류 메시지를 그대로 복사하여 ChatGPT에게 오류 원인에 대해 물어보았습니다.

파이썬 오류 원인을 찾아줘

KeyboardInterrupt: Interrupted by user

During handling of the above exception, another exception occurred:

NameError   Traceback (most recent call last)

⟨ipython-input-3-7903322ff23b⟩ in ⟨cell line: 2⟩()

    7   result = eval(equation)

    8   print("결과는 {}입니다.".format(result))

----⟩ 9   except (SyntaxEor, NameError, ZeroDivisionError, TypeError, ValueError):

   10   print("올바른 수식을 입력하세요.")

   11 except KeyboardInterrupt:

NameError: name 'SyntaxEor' is not defined

해당 오류는 SyntaxEor가 정의되지 않았다는 에러입니다. 이것은 SyntaxError 를 처리하는 except 문에서 오타가 있어서 발생한 문제입니다.

다음과 같이 SyntaxError를 올바르게 수정하여 코드를 수정할 수 있습니다.

```
while True:
    try:
        # 사용자로부터 수식을 입력받습니다.
        equation = input("계산할 수식을 입력하세요: ")

        # 입력받은 수식을 계산하고 결과를 출력합니다.
        result = eval(equation)
        print("결과는 {}입니다.".format(result))
    except (SyntaxError, NameError, ZeroDivisionError,
TypeError, ValueError):
        print("올바른 수식을 입력하세요.")
    except KeyboardInterrupt:
        print("프로그램을 종료합니다.")
        break
```

위 코드에서 SyntaxEor를 SyntaxError로 수정하여 에러를 해결하였습니다. 이제 코드가 정상적으로 실행되어 사용자가 입력한 수식을 계산할 수 있을 것입니다.

소스코드의 문제점을 정확히 찾고 해결방법과 함께 개선된 소스코드 예시까지 제공하고 있습니다. ChatGPT와 구글 코랩을 활용하여 간단한 프로그램 소스뿐만 아니라 웹 문서의 수집(크롤링), 홈페이지 개발, 머신러닝 코드를 작성하거나 소스코드 정리, 주석 작성, 오류를 찾는 등 다양한 분야에 활용할 수 있습니다.

4.2.5 이미지에 대한 글쓰기

한때 DSLR 카메라를 이용한 사진 촬영이 유행이였습니다. 지금도 필름 카메라나 디지털 카메라로 사진을 취미로 즐기는 분들이 많습니다. 이번 장에서는 본인이 직접 촬영한 사진 또는 이미지를 기반으로 키워드를 추출해서 ChatGPT를 통해 글을 쓰는 방법에 대해 알아보겠습니다. ChatGPT는 현재 이미지를 인식하는 기능이 없기 때문에 Imagga를 활용합니다. 이를 정리하면 그림 4.17과 같습니다.

그림 4.17 이미지로 글쓰기 순서

이미지에 포함된 텍스트를 추출하는 기능을 OCR이라고 합니다. 여기서는 OCR과 달리 이미지가 의미하는 키워드를 추출^{Tagging}합니다.

먼저 무료 이미지 공유 사이트인 언스플래시^{UnSplash}에서 이미지를 검색하였습니다.

그림 4.18 언스플래시 검색결과

그림 4.18에서 마음에 드는 이미지를 파일로 저장합니다. 가지고 있는 사진이 있는 경우 언스플래시를 이용할 필요는 없습니다. 이미지에서 태그를 추출하기 위해 Imagga로 접속합니다. Imagga 홈페이지를 통해서 이미지 키워드를 추출할 경우 무료로 사용할 수 있으며, API를 사용하는 경우 한 달에 1,000건까지 무료로 이용할 수 있습니다.

- Imagga 접속 주소 : https://imagga.com/

그림 4.19 Imagga 접속 화면

회원가입 후 그림 4.20의 상단 첫번째 메뉴인 **SOLUTION ➤ Tagging**을 클릭
합니다.

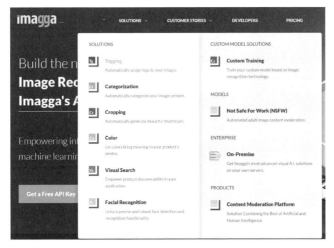

그림 4.20 Tagging 메뉴

페이지를 아래로 스크롤하여 그림 4.21의 **Tagging Demo**를 클릭합니다.

this challenge efficiently.

Check how the image tagging works with our **generic model demo.**

Tagging Demo

Imagga Image Tagging API
Makes Your Images Easy to Find.

그림 4.21 Tagging Demo 메뉴

그림 4.22의 화면 왼쪽 하단의 **Upload Your Media**를 클릭해서 이미지를 업로드합니다.

그림 4.22 이미지 업로드 화면

Analyze 버튼을 누르지 않아도 그림 4.23의 오른쪽 Results에 10가지 키워드가 추출된 것을 확인할 수 있습니다. **Show more results**를 선택하면 전체키워드를 확인할 수 있고, Result 우측 상단의 **필터** 아이콘을 클릭하면 키워드 비율을 볼 수 있습니다.

그림 4.23 업로드한 이미지의 키워드 추출 결과[2]

2　Unsplash의 Jeremy Bishop 사진

그림 4.24의 Options 창에서 언어를 한글로 변경하거나, 사진의 컬러 비율을 추출할 수도 있습니다.

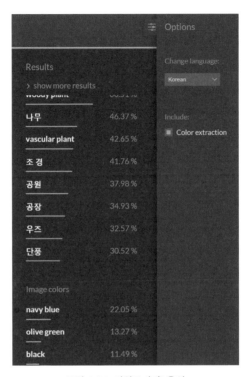

그림 4.24 키워드 추출 옵션

Imagga가 추출한 키워드와 컬러정보를 이용하여 ChatGPT를 통해 글을 작성해보겠습니다.

아래 키워드와 비율에 따라서 사진에 대한 설명글 작성해줘

단어와 비율

트리 100.00 %

숲 75.42 %

조 경 41.76 %

공원 37.98 %

단풍 30.52 %

컬러와 비율

navy blue 22.05 %

olive green 13.27 %

black 11.49 %

brown 11.40 %

light grey 10.65 %

이 사진은 푸른 대자연과 함께한 행복한 하루를 담은 풍경 사진입니다. 전경에는 키가 높은 큰 나무가 하나 높이 솟아 있습니다. 이 나무는 풍성한 잎사귀와 덩굴이 적당히 얽혀있어 더욱 우아한 느낌을 줍니다. 나무 주변에는 작은 나무들이 숲을 이루고 있습니다.

조경은 자연스럽게 배치되어 있어서 걷기 좋은 산책로로 보입니다. 조경이 아름답게 정리되어 있어서 공원 같은 느낌도 듭니다. 또한 눈에 띄는 단풍 나무들이 이 사진에서 더욱 화려한 분위기를 연출하고 있습니다.

사진 전체적으로는 짙은 어두운 느낌이 강합니다. 배경은 남색과 올리브 그린이 섞인 숲속 풍경으로 이어지는데, 이런 컬러 톤이 이 사진의 분위기를 잘 살려주고 있습니다. 사진 전체적으로 검정색과 갈색, 연한 회색이 조화롭게 어우러져 있어서 아늑하면서도 차분한 느낌을 주고 있습니다.

어떤가요? 이렇게 사진의 태그를 추출하여 사진을 정리하거나, 블로그에 포스팅을 하거나, 글을 쓰는 등 원하는 용도로 활용할 수 있습니다. 또한 8.1절의 'ChatGPT 문장의 톤^{Tone}'과 8.2절의 'ChatGTP 문체^{Writing Style}'를 적용하여 글쓰는 스타일을 변경할 수 있습니다.

4.2.6 엑셀 활용하기

ChatGPT를 활용하여 엑셀 서식을 만들거나, 함수를 만들 수 있습니다. 조금 더 전문적인 작업을 원하는 경우 엑셀에 API를 연동하거나 엑셀 매크로(VBA)를 활용하여 업무를 자동화할 수도 있습니다. 이 장에서는 엑셀 서식과 함수를 만드는 방법에 대해 알아보겠습니다.

먼저 엑셀 가계부 서식을 만들어 달라고 요청해보았습니다.

 개인이 사용할 엑셀 가계부 서식을 만들어줘. 예시가 있었으면 좋겠어.

 안녕하세요! 가계부 서식을 만들어 드리겠습니다.

가계부를 작성하는 데 필요한 항목은 다음과 같습니다.

1. 날짜

2. 항목 (수입 또는 지출)

3. 카테고리

4. 내용

5. 금액

6. 총 지출/수입

이를 바탕으로 엑셀 가계부 서식을 만들어보겠습니다.

1. 먼저 엑셀 파일을 만들고, 시트 이름을 "가계부"로 변경합니다.

2. A열부터 G열까지 각 열에 해당하는 항목을 입력합니다. 각 항목의 설명은 다음과 같습니다.

- A열: 날짜

- B열: 항목 (수입 또는 지출)

- C열: 카테고리

- D열: 내용

- E열: 금액

- F열: 총 지출/수입 (자동 계산)

- G열: 비고

3. 다음과 같이 표를 작성합니다. 셀 A1부터 G1까지 선택한 다음, 테두리 스타일을 적용하고 글꼴을 변경합니다.

여기까지 생성된 서식을 엑셀로 만들어보겠습니다. 위의 대화에서 예시로 생성된 엑셀 서식의 **Copy code**를 클릭하여 서식을 복사한 후 그림 4.26과 같이 엑셀에 붙여넣습니다.

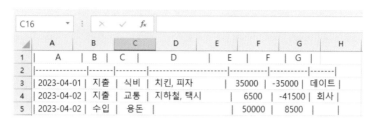

그림 4.26 가계부 서식 붙여넣기 결과

엑셀을 원하는 대로 편집하기 위해 그림 4.27의 A열을 선택한 후 엑셀 메뉴의 **데이터 ➤ 텍스트 나누기**를 선택합니다.

그림 4.27 엑셀 텍스트 나누기

그림 4.28의 1단계에서 **구분 기호로 분리됨**을 선택하고 다음을 누릅니다.

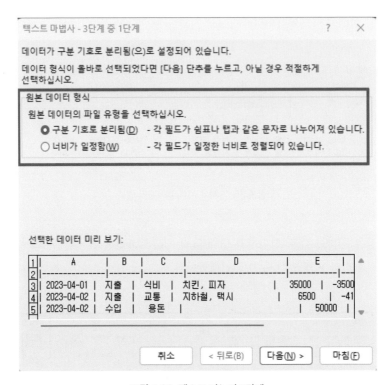

그림 4.28 텍스트 나누기 1단계

그림 4.29의 2단계에서 구분 기호에 **기타**를 선택하고 구분자인 "|"(Shift + 엔터키 위의 \키)을 입력한 후 다음을 누릅니다.

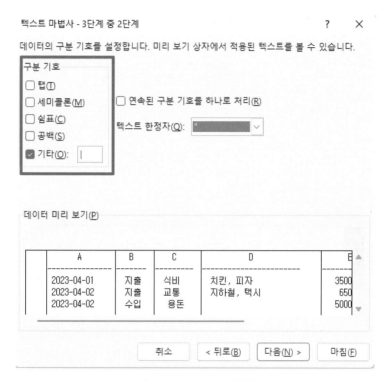

그림 4.29 텍스트 나누기 2단계

그림 4.30의 3단계에서는 별도 변경 없이 **마침**을 선택합니다.

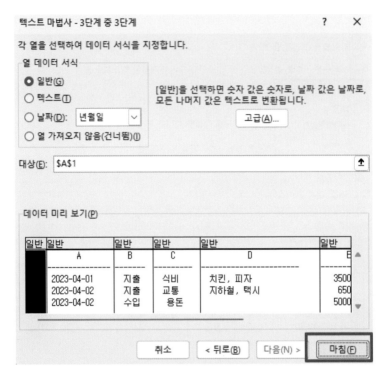

그림 4.30 텍스트 나누기 3단계

하나의 셀에 모여 있던 데이터가 그림 4.31과 같이 여러 개의 셀로 분리되었습니다.

A	B	C	D	E	F	G	H
	A	B	C	D	E	F	G
	---------------	-------	--------	---------------------	-----------	-----------	-------
	2023-04-01	지출	식비	치킨, 피자	35000	-35000	데이트
	2023-04-02	지출	교통	지하철, 택시	6500	-41500	회사
	2023-04-02	수입	용돈		50000	8500	

그림 4.31 텍스트 나누기 결과

테두리와 배경색 등 레이아웃을 그림 4.32처럼 보기 좋게 변경하였습니다.

	A	B	C	D	E	F	G
1	날짜	항목	카테고리	내용	금액	총지출/수입	비고
2	2023-04-01	지출	식비	치킨,피자	35000	-35000	데이트
3	2023-04-02	지출	교통	지하철,택시	6500	-41500	회사
4	2023-04-02	수입	용돈		50000	8500	
5							
6							

그림 4.32 엑셀 레이아웃 변경

만들어진 가계부 서식에서 사용할 "C열 카테고리" 리스트를 요청합니다.

 C열 카테고리 리스트를 알려줘

 가계부에서 사용할 수 있는 카테고리 리스트는 다양하지만, 일반적으로 다음과 같은 항목들이 있습니다.

- 식비
- 교통비
- 통신비
- 생활용품
- 의료비
- 교육비
- 문화생활
- 여가/취미
- 기타

> 위 항목들은 일상 생활에서 가장 많이 사용되는 카테고리이며, 자신의 생활 패턴에 맞게 추가하거나 변경할 수 있습니다. 예를 들어, 자동차 유지비, 펫용품 비용, 미용/의류비 등 자신이 사용하는 돈의 세부 항목에 따라 카테고리를 추가하거나 변경할 수 있습니다.

지출 카테고리를 선택하는 콤보박스를 만들어보겠습니다. 먼저 생성된 카테고리를 엑셀의 빈공간에 복사하여 붙여넣습니다. 그림 4.33의 C2번 열의 "식비"를 선택한 후 **데이터 ➤ 데이터 유효성 검사 ➤ 데이터 유효성 검사**를 클릭합니다.

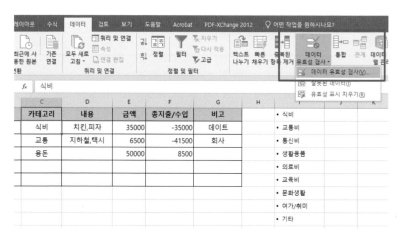

그림 4.33 엑셀 콤보박스 만들기 1단계

그림 4.34의 설정에서 **제한 대상**은 "목록"을 선택하고, **원본**은 앞서 ChatGPT
에서 생성한 카테고리 리스트를 드래그하여 선택합니다.

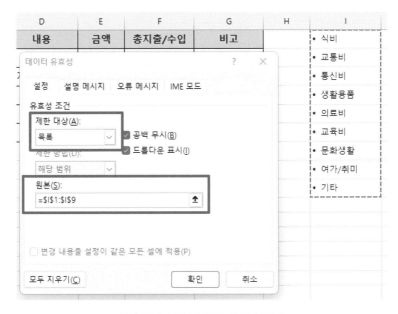

그림 4.34 엑셀 콤보박스 만들기 2단계

확인을 누르면 그림 4.35와 같이 카테고리를 선택할 수 있는 콤보박스가
생성되었습니다.

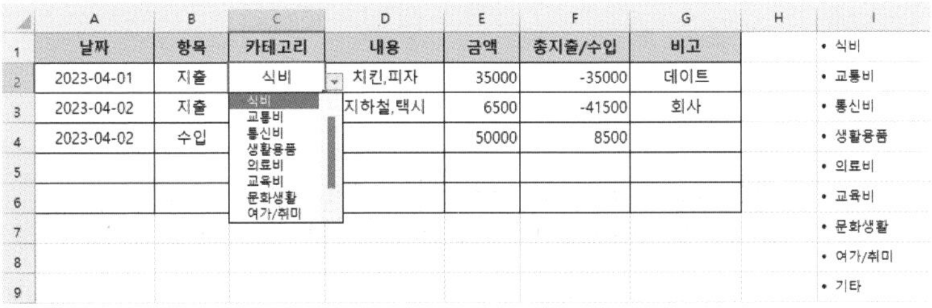

그림 4.35 엑셀 콤보박스 만들기 결과

이 식비 셀을 복사하여 그림 4.36과 같이 다른 라인^{Row}에서 재사용합니다.

	A	B	C	D	E	F	G
1	날짜	항목	카테고리	내용	금액	총지출/수입	비고
2	2023-04-01	지출	식비	치킨,피자	35000	-35000	데이트
3	2023-04-02	지출	식비	지하철,택시	6500	-41500	회사
4	2023-04-02	수입	식비		50000	8500	
5			식비				
6			교통비 통신비 생활용품				
7			의료비 교육비				
8			문화생활				
9			여가/취미				

그림 4.36 엑셀 콤보박스 만들기 복사

마지막으로 엑셀 함수를 적용해보겠습니다.

가계부에서 지출과 수입을 각각 계산해 줄 함수를 만들어줘

가계부에서 지출과 수입을 각각 더해주는 함수를 만들어보겠습니다. 함수는 Excel의 SUMIF 함수를 사용합니다.

1. 먼저, 가계부 시트에서 "지출" 항목이 위치한 열(B열)과 "수입" 항목이 위치한 열(B열)을 선택합니다.

2. 선택한 열에서 각각 SUMIF 함수를 사용하여 합계를 계산합니다. 예를 들어, "지출" 항목이 위치한 B2:B1000 범위에서 합계를 계산하려면 다음과 같이 수식을 입력합니다.

```less
=SUMIF(B2:B1000,"지출",E2:E1000)
```

위 수식은 B2:B1000 범위에서 "지출" 항목을 찾아 E2:E1000 범위에 해당하는 값들을 더해주는 것입니다.

3. 마찬가지로, "수입" 항목의 합계를 계산하려면 다음과 같이 수식을 입력합니다.

```less
=SUMIF(B2:B1000,"수입",E2:E1000)
```

위 수식은 B2:B1000 범위에서 "수입" 항목을 찾아 E2:E1000 범위에 해당하는 값들을 더해주는 것입니다.

4. 함수를 입력하고 계산하면 지출과 수입의 총합이 각각 나타납니다.

이렇게 함수를 사용하여 가계부에서 지출과 수입을 각각 더해줄 수 있습니다. 범위를 선택하는 부분에서는 사용자의 데이터 범위에 맞게 수정하여 사용하면 됩니다.

생성된 엑셀 수식을 엑셀 시트에 복사하여 붙여넣습니다. 지출과 합계를 계산하는 수식이 그림 4.39와 같이 적용된 것을 확인할 수 있습니다.

	A	B	C	D	E	F	G	H	I	J
1	날짜	항목	카테고리	내용	금액	총지출/수입	비고			
2	2023-04-01	지출	식비	치킨,피자	35000	-35000	데이트		지출합계	41,500
3	2023-04-02	지출	식비	지하철,택시	6500	-41500	회사		수입합계	50,000
4	2023-04-02	수입	식비		50000	8500				
5			식비							
6			식비							

그림 4.39 엑셀 수식 적용결과

간단한 가계부 서식을 ChatGPT로 만드는 방법에 대해 알아보았습니다. 응용하면 다양한 엑셀 함수를 이용하거나 복잡한 엑셀을 처리할 수 있습니다. 또한 GPT API 키를 이용하여 매크로를 구현할 수도 있습니다.

4.2.7 파워포인트 활용하기

이번 절에서는 ChatGPT를 활용하여 파워포인트를 만들어보겠습니다. ChatGPT를 이용하여 파워포인트의 제목, 목차, 내용, 발표 스크립트를 만들 수 있고, 파워포인트의 매크로(VBA) 기능을 이용하여 디자인이나 서식 등을 적용할 수 있습니다.

ChatGPT를 이용하여 만들어 볼 예제는 파워포인트 사진첩입니다. 먼저 사진을 불러오기 위한 매크로(VBA) 코드를 생성합니다. 이런 매크로는 많은 양의 이미지를 불러오거나 처리할 때 특히 유용합니다. 이 절은 파워포인트 2019 버전을 대상으로 작성되었습니다.

폴더를 지정해서 사진을 불러오는 파워포인트 VBA 코드를 만들어줘

지정된 폴더의 이미지를 모두 불러와서 각각 하나의 슬라이드로 만들어줘

이미지는 슬라이드의 중간에 배치해줘

사진 밑에는 사진 이름을 파일명으로 표시하고 중앙 정렬해줘

사진이 너무 크지 않게 자동으로 조정해줘

아래는 지정된 폴더의 이미지를 모두 불러와서 각각 하나의 슬라이드로 만들어 주는 VBA 코드입니다. 이미지는 슬라이드의 중간에 배치되며, 사진 아래에는 파일명과 함께 사진 이름이 표시됩니다. 또한, 사진이 최대 800pt x 600pt를 넘지 않도록 자동으로 조정됩니다.

```VBA
Sub InsertImagesFromFolder()

    Dim sFolder As String
    Dim sFile As String
    Dim oSlide As Slide
    Dim oPicture As Shape

    ' 지정된 폴더 경로
    sFolder = "C:\Images"

    ' 폴더 내 모든 파일에 대해 반복
    sFile = Dir(sFolder & "\*.*")
    Do While Len(sFile) > 0

        ' 이미지 파일인 경우에만 처리
        If LCase(Right(sFile, 4)) Like ".jpg" Or LCase(Right(sFile, 4)) Like
```

위 코드를 실행하기 전에, sFolder 변수를 원하는 폴더 경로로 수정해주시기 바랍니다. 또한, 이미지 파일의 확장자를 .jpg나 .png 등으로 수정해야 할 수도 있습니다.

매크로(VBA)코드 실행을 위해 그림 4.41과 같이 파워포인트를 실행한 후 **보기 ▶ 매크로**를 클릭합니다.

그림 4.41 파워포인트 매크로(VBA) 만들기 1단계

그림 4.42에서 매크로 이름을 임의로 입력하고 **만들기** 버튼을 클릭합니다.

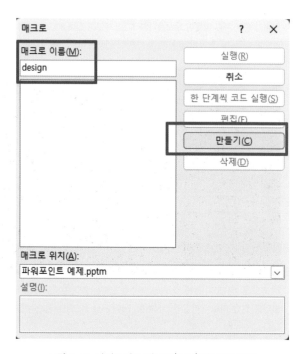

그림 4.42 파워포인트 매크로(VBA) 만들기 2단계

매크로를 편집할 수 있는 Visual Basic Application이 실행되었습니다. 중 앙의 편집창에 있는 기본 소스코드를 모두 삭제한 후 복사한 소스코드로 덮어쓰기 합니다. 그리고 생성된 매크로 코드에서 폴더경로를 실제 이미지 가 저장된 경로로 변경합니다.

이미지 폴더 변경 예시

– sFolder = "C:₩Images"

– sFolder = "D:₩2023년₩봄여행₩ "

경로를 변경하였다면 그림 4.43의 상단 메뉴에서 실행버튼(F5)를 클릭하여 실행합니다.

그림 4.43 파워포인트 매크로(VBA) 만들기 3단계

아무런 변화가 없으면 정상적으로 실행된 것입니다. Visual Basic Application을 종료하면 그림 4.44와 같이 각 슬라이드별로 이미지를 정상적으로 불러온 것을 확인할 수 있습니다. 만약 디버그 오류가 발생하는 경우에는 이 장 제일 마지막 팁을 참고하시기 바랍니다.

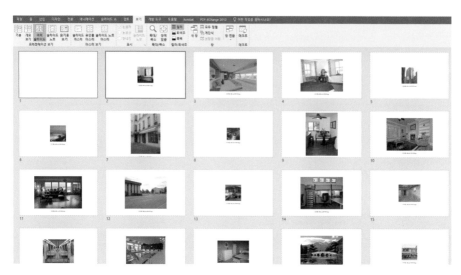

그림 4.44 파워포인트 매크로(VBA) 적용결과

이제 파워포인트의 디자인을 변경하기 위한 매크로(VBA) 코드를 만들어봅
니다.

 파워포인트 기본 테마를 이용해서 VBA 코드 만들어줘

색상 : 짙은 회색

폰트 : 맑은 고딕

폰트색상 : 흰색

Sub ApplyCustomTheme()

- 파워포인트 기본 테마를 이용한 커스텀 테마 적용

- 색상 정의

```
Dim DarkGrey As Long
DarkGrey = RGB(80, 80, 80)
```

- 폰트 정의

```
Dim FontName As String
FontName = "맑은 고딕"
```

- 슬라이드 배경색상 적용

```
ActivePresentation.SlideMaster.Background.Fill.
ForeColor.RGB = DarkGrey
```

- 텍스트 박스 적용

```
Dim slide As slide
Dim shape As shape
For Each slide In ActivePresentation.Slides
    For Each shape In slide.Shapes
        If shape.HasTextFrame Then
            shape.TextFrame.TextRange.Font.Name =
FontName
            shape.TextFrame.TextRange.Font.Color.RGB
= RGB(255, 255, 255)
        End If
    Next shape
Next slide

End Sub
```

생성된 코드는 앞의 이미지 불러오기와 마찬가지로 파워포인트 메뉴 **보기
➤ 매크로**를 클릭합니다. 그림 4.45에서 새로운 매크로 이름을 입력한 후
만들기 버튼을 클릭합니다.

그림 4.45 파워포인트 디자인 매크로(VBA) 1단계

다음과 같이 VBA 코드가 자동으로 생성되었습니다.

```
Sub Design()
End Sub
```

이 코드를 삭제하고 GPT가 생성한 매크로(VBA) 코드로 덮어쓴 후 그림
4.46의 상단 메뉴에서 실행버튼(F5)를 클릭하여 실행합니다.

그림 4.46 파워포인트 디자인 매크로(VBA) 2단계

마찬가지로 Visual Basic Application을 종료하면 그림 4.47과 같이 자동
으로 서식이 적용된 것을 확인할 수 있습니다.

그림 4.47 파워포인트 디자인 매크로(VBA) 적용결과

여러 장의 슬라이드에 제목이나 서식을 일괄적으로 추가하거나 변경할 수
있습니다. 또한 ChatGPT의 생성기능을 활용하여 제목, 목차, 내용 및 발표
스크립트까지 자동으로 생성할 수 있습니다. 참고로 매크로가 포함된 파일
은 "Power Point 매크로 사용 프레젠테이션(*.pptm)" 형식으로 저장해야
된다는 점 기억하시기 바랍니다.

1. 파워포인트 버전을 명시하여 매크로(VBA) 코드를 생성하는 방법

발표자료에 어울릴만한 서식을 파워포인트 2019버전의 VBA 코드로 만들어줘

파워포인트 버전 : 2019

색상 : 짙은 회색

폰트 : 맑은고딕

2. 오류코드 수정 요청

그림 4.48은 매크로 실행버튼을 클릭한 후 "438 런타임" 오류가 발생한 경우입니다.

그림 4.48 런타임 오류화면

디버그 버튼을 클릭하면 그림 4.49와 같이 오류가 발생한 위치를 찾을 수 있습니다.

```
' Apply "맑은고딕" font to all text boxes
For Each Slide In ActivePresentation.Slides
    For Each Shape In Slide.Shapes
        If Shape.HasTextFrame Then
            Shape.TextFrame.TextRange.Font.Name = "맑은고딕"
        End If
    Next Shape
Next Slide

' Apply professional style to all text boxes
With ActivePresentation.Designs(1).SlideMaster.Theme
    ' Change the color of the accent 1 and accent 2
    .Colors(5) = RGB(47, 117, 181) ' Blue color code
    .Colors(6) = RGB(0, 112, 192) ' Blue color code

    ' Apply preset font schemes to all heading and body text styles
    With .FontScheme.MajorFont(msoThemeLatin)
        .Name = "맑은고딕"
        .Size = 28
    End With
    With .FontScheme.MinorFont(msoThemeLatin)
        .Name = "맑은고딕"
        .Size = 20
    End With
```

그림 4.49 런타임 오류 위치

오류가 발생한 부분을 복사하여 ChatGPT에게 질문합니다.

438 런타임 오류 발생

.Colors(5) = RGB(47, 117, 181) ' Blue color code

"438 런타임 오류"는 보통 해당 객체나 속성이 존재하지 않는다는 것을 나타냅니다. 이 경우, 코드에서 .Colors(5)는 해당 컬러 인덱스를 찾지 못해 오류가 발생하는 것으로 추정됩니다.

다음과 같이 .Colors 메서드를 사용하여 코드를 수정하십시오.

```scss
With ActivePresentation.Designs(1).SlideMaster.Theme
    ' Change the color of the accent 1 and accent 2
    .Colors(msoThemeColorAccent1) = RGB(47, 117, 181) ' Blue color code
    .Colors(msoThemeColorAccent2) = RGB(0, 112, 192) ' Blue color code

    ' Apply preset font schemes to all heading and body text styles
    With .FontScheme.MajorFont(msoThemeLatin)
        .Name = "맑은고딕"
        .Size = 28
```

위 코드에서 .Colors(5)가 .Colors(msoThemeColorAccent1)으로 변경되었습니다. 이는 .Colors 속성의 인덱스 대신 해당 컬러의 상수 값을 사용하여 코드를 더 명확하게 만들어줍니다. 추가로 .SchemeColor 메서드도 해당 상수 값을 사용하여 수정하였습니다. 이제 오류가 발생하지 않아야 합니다.

4.2.8 픽토리를 이용하여 동영상 제작하기

이 절에서는 ChatGPT와 픽토리[pictory]를 사용하여 유튜브용 동영상을 만들어 보겠습니다. 픽토리는 영문으로 키워드나 스크립트를 제공하면 해당하는 영상을 자동으로 제작해주는 인공지능 서비스입니다. 동영상은 그림 4.51의 순서로 제작합니다.

그림 4.51 동영상 제작 절차

먼저 주제를 정합니다. 구글이나 네이버, 유튜브 등의 대형 플랫폼에서는 검색 순위와 검색 트렌드에 대한 정보를 제공하고 있습니다. 구글 트렌드 검색을 통해 주제를 선정해보겠습니다(그림 4.52 참조).

그림 4.52 구글 트렌드 검색

구글 트렌드 사이트를 접속하여 상단의 **탐색** 버튼을 클릭하면 지역별, 기간별, 주제별, 검색 방식별(웹, 이미지, 유튜브 등)로 어떤 검색어들의 검색이 증가하고 있는지, 어떤 검색어들이 인기있는지 알 수 있습니다.

그림 4.53을 보면 대한민국에서 1년간 모든 카테고리 중 가장 많이 상승한 주제는 "2023-주제"라는 카테고리고, 검색어로는 "chat gpt"가 가장 많이 검색되었습니다. "2023-주제"를 클릭하여 어떤 주제들이 많이 검색되었는지 알아봅니다.

그림 4.53 인기 급상승 순위

주제 카테고리에서 "벚꽃"이 가장 많이 상승한 것으로 나타났습니다(그림 4.54 참조).

그림 4.54 "2023-주제" 상세 순위

ChatGPT에게 벚꽃과 관련된 주제를 추천해달라고 요청하였습니다.

벚꽃과 관련된 유튜브 동영상 주제를 추천해줘

 여기 몇 가지 벚꽃 관련 유튜브 동영상 주제를 추천해 드립니다.

- 축제 가이드 – 벚꽃이 가장 아름다운 때를 보여주는 일본, 한국 등의 벚꽃 축제에 대한 가이드입니다.
- 벚꽃 피는 순간 – 대한민국 전국의 벚꽃이 만개하는 순간을 담은 아름다운 타임랩스 영상입니다.
- 벚꽃 만개하는 일본의 길 – 일본 전국에서 만개하는 벚꽃을 따라 여행하는 여행 동영상입니다.
- 벚꽃 나무 아래서 연주하는 클래식 음악 – 아름다운 벚꽃 나무 아래서 연주되는 클래식 음악의 라이브 공연입니다.
- 벚꽃 그림 그리기 – 벚꽃을 그리는 방법을 알려주는 예술 강좌 동영상입니다.

이러한 주제의 동영상을 참고하시면 벚꽃에 대한 좀 더 다양하고 깊이 있는 이해를 가지실 수 있을 것입니다.

최근 포스트 코로나로 여행에 관한 수요가 증가하고 있습니다. AIPRM for ChatGPT를 사용하여 "벚꽃이 만개하는 일본의 길"이라는 주제로 60초 분량의 동영상 스크립트를 생성하겠습니다.

AIPRM for ChatGPT을 처음 사용하시는 경우 5.2.4절의 '명령 프롬프트 최적화 – AIPRM for ChatGPT'를 참고하시기 바랍니다.

그림 4.55의 Topic은 **Copywriting**을 선택하고, 프롬프트는 **YouTube Script Creator**를 선택합니다.

그림 4.55 AIPRM for ChatGPT 옵션 선택

동영상 생성을 위한 픽토리는 영문만 지원하기 때문에 Output in은 "English"로 그대로 둡니다.

벚꽃 만개하는 일본의 길 – 일본 전국에서 만개하는 벚꽃을 따라 여행하는 여행 동영상에 관한 스크립트를 60초 분량으로 만들어줘

[Opening shot of blooming cherry blossom trees in Japan]

Narrator: Japan is known for its beautiful cherry blossoms, or sakura, which bloom for just a few short weeks every spring. From Hokkaido in the north to Okinawa in the south, the entire country is awash in a sea of pink and white petals.

[Cut to various shots of cherry blossoms in different locations throughout Japan]

Narrator: Each year, travelers from all over the world come to Japan to witness this stunning natural phenomenon. And what better way to experience it than by taking a road trip through the country, following the blossoms as they bloom?

[Cut to shots of people driving and walking under the cherry blossom trees]

Narrator: Along the way, you'll see traditional Japanese architecture, visit quaint little towns and villages, and of course, stop to take plenty of photos of the blossoms themselves.

[Cut to shots of people taking photos of the cherry blossoms]

Narrator: From the urban landscapes of Tokyo and Kyoto to the rural beauty of the countryside, Japan's cherry blossom season is truly a sight to behold.

[Closing shot of cherry blossom trees against a blue sky]

Narrator: So why not plan your own sakura road trip and see it for yourself? It's an experience you'll never forget.

다음은 비디오 생성을 위해 픽토리로 이동합니다.

- 픽토리 접속 주소 : https://pictory.ai/

픽토리의 특징은 다음과 같습니다.

- 영문 스크립트나 이미지를 업로드하여 동영상 생성 가능
- 픽토리는 무료로 3개의 동영상 프로젝트를 생성할 수 있지만 워터마크가 생성
- 생성된 동영상을 다른 동영상으로 변경할 수 있음
- 영문 자막 생성 가능

Video Creation Made *EASY*

Automatically create short, highly-sharable branded videos from your long form content.

Quick, easy & cost-effective.

No technical skills or software download required.

Get Started For Free!
No Credit Card Required

그림 4.56 픽토리 접속 화면

픽토리에 접속하여 회원가입을 한 후 로그인을 합니다. 스크립트나 기사 또는 사진으로 영상을 생성하거나 편집할 수 있습니다(그림 4.56 참조).

그림 4.57의 첫 번째 메뉴의 **Script to Video**의 **Proceed**를 클릭합니다.

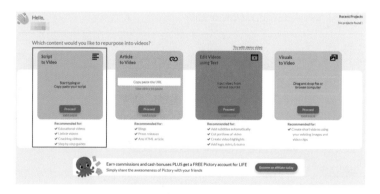

그림 4.57 픽토리 영상 생성메뉴

AIPRM for ChatGPT를 통해 생성한 스크립트를 그림 4.58과 같이 붙여넣은 다음 **Proceed**를 클릭합니다.

그림 4.58 픽토리 스크립트 입력화면

픽토리에서 제공하는 그림 4.59의 템플릿 중 영상과 어울리는 템플릿을 선택합니다.

그림 4.59 픽토리 동영상 템플릿

모니터, 스마트폰, 또는 태블릿 등 원하는 화면의 비율을 그림 4.60에서 선택합니다.

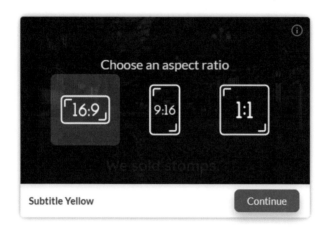

그림 4.60 동영상 화면 비율

입력한 스크립트를 분석하여 영상을 자동으로 생성합니다(그림 4.61 참조).

그림 4.61 픽토리 동영상 생성화면

동영상 생성이 완료되면 그림 4.62의 영상결과와 편집화면을 볼 수 있습니다. 왼쪽 사이드에는 텍스트 삽입, 오디오 입력 등 편집을 위한 메뉴가 있으며, 왼쪽에는 각 씬scene별 스크립트, 오른쪽에는 생성된 영상화면이 출력됩니다.

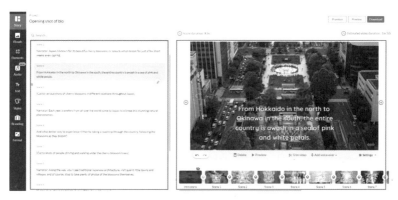

그림 4.62 픽토리 동영상 생성결과

생성된 스크립트를 ChatGPT에서 한글로 번역한 후 영어 스크립트를 한글
스크립트로 변경하면 그림 4.63처럼 영상화면의 자막이 바로 변경됩니다.

그림 4.63 픽토리 자막 변경

왼쪽 사이드 메뉴에서 **Audio**를 클릭하여 배경음악을 삽입하거나 클로바더
빙 서비스에서 한글 스크립트를 입력한 후 음성 나레이션을 만들어서 업
로드할 수 있습니다.

4.2.9 플리키를 이용하여 동영상 제작하기

픽토리는 영문 스크립트를 입력하고 템플릿을 사용하여 동영상을 생성할 수 있습니다. 그러나 생성되는 동영상이 원하는 영상과는 방향이 다를 수 있습니다. 또한 픽토리는 한글 스크립트를 지원하지 않는다는 점과 음성 나레이션을 영문만 제공한다는 점이 조금 아쉬운 부분입니다.

이번 절에서는 한글 스크립트를 지원하고 스크립트 기반으로 영상 이미지를 생성하는 플리키^{Fliki}에 대해 알아보겠습니다.

- 플리키 접속 주소 : https://fliki.ai/

비디오 생성을 위해 플리키로 이동합니다. 그림 4.64의 **Signup for free**를 클릭하여 회원가입 후 로그인을 합니다.

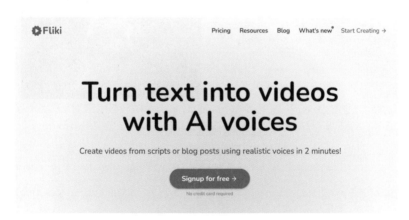

그림 4.64 플리키 접속 화면

그림 4.65의 **New file**을 클릭하여 새로운 프로젝트를 생성합니다.

그림 4.65 플리키 새프로젝트 생성

그림 4.66에서 영상 제목을 입력하고, 언어를 선택합니다. 픽토리와 달리 "Korean" 등 여러 가지 언어를 지원합니다.

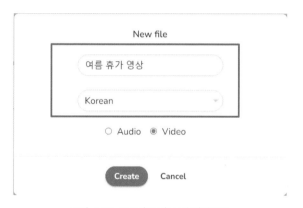

그림 4.66 프로젝트 이름 및 언어설정

그림 4.67의 좌측에는 스크립트를 입력하고, 우측에는 스크립트를 기반으로 생성된 영상을 재생할 수 있습니다.

그림 4.67 플리키 스크립트 입력화면

ChatGPT에게 "한국의 여름 휴가 여행지 5군데 추천 동영상 스크립트"를 요청하였습니다.

 한국의 여름 휴가 여행지 5군데 추천 동영상 스크립트 만들어줘

 안녕하세요! 여름 휴가에 딱 어울리는 대한민국 여행지를 5곳 추천해드리겠습니다.

첫 번째 여행지는 제주도입니다. 제주도는 그림 같은 자연 경관과 맛있는 음식, 다양한 관광지가 있는 아름다운 섬입니다. 해녀체험, 섬 속의 동굴 탐험, 제주 오일장 등 다양한 액티비티도 즐길 수 있습니다.

두 번째로 추천하는 여행지는 부산입니다. 부산은 해변과 바다가 어우러진 곳으로 산책, 수영, 서핑 등 바다에서의 여러 가지 즐길거리가 많습니다. 부산타워, 국제시장, 해운대 등의 유명한 관광지도 방문해보세요.

세 번째로 추천하는 여행지는 강릉입니다. 강릉은 아름다운 바다와 산, 호수 등이 조화를 이루는 곳으로 유네스코 세계 자연유산인 설악산을 비롯해 오대산, 강릉 경포해변, 주문진 등 다양한 관광지가 있습니다.

네 번째 여행지는 전주입니다. 전주는 한국의 전통적인 문화와 건축물을 볼 수 있는 곳으로 전주한옥마을, 한국의 전통음식인 전주비빔밥 등이 유명합니다. 또한, 천년의 역사를 가진 국보급 문화재인 경기전과 전주향교도 꼭 방문해보세요.

마지막으로 추천하는 여행지는 경주입니다. 경주는 한국의 역사와 문화가 곳곳에 묻어나는 곳으로 석굴암, 불국사, 첨성대 등이 유명합니다. 또한, 맛있는 향토 음식도 즐길 수 있으니 꼭 방문해보세요.

이상으로 여름휴가에 즐길 수 있는 대한민국 여행지 5곳을 추천해드렸습니다. 감사합니다!

이 스크립트를 복사하여 플리키에 붙여넣으면, 그림 4.68과 같이 문단별로 자동으로 영상이 생성됩니다. 아래쪽의 플레이 버튼을 클릭하여 한국어 내레이션과 한글 자막을 확인할 수 있습니다.

그림 4.68 플리키 동영상 생성결과

또한 영상별로 **Change image/vide**를 통해 참고할 영상이나 이미지를 업로드하거나 전문가들이 생성한 템플릿을 선택하여 영상을 생성할 수 있습니다(그림 4.69 참조).

그림 4.69 플리키 동영상 변경

픽토리와 플리키 모두 유료 서비스이지만 테스트를 위한 영상 생성을 지원하고 있습니다. 사용해본 후 마음에 드는 플랫폼을 선택하시면 됩니다.

Tip　최신 정보를 반영하기 위해서는 스크립트 생성 전에 실시간 정보 반영할 수 있는 WebChatGPT 활성화하는 것이 좋습니다. 5.2.3절의 'ChatGPT 실시간 정보 반영 – WebChatGPT' 를 참고하시기 바랍니다.

Tip　AIPRM for ChatGPT를 활용하여 영상용 스크립트를 생성할 수 있으며, 기존에 유튜브에 업로드 된 인기 동영상을 요약하여 스크립트를 생성할 수도 있습니다. 유튜브에 있는 동영상의 스크립트 추출 방법은 5.2.5절의 '유튜브 동영상 요약 – YouTube Summary with ChatGPT'를 참고하시기 바랍니다.

이번 장에서는 ChatGPT를 어디에, 어떻게 활용할 수 있는지 알아보았습니다.

ChatGPT는 GPT API를 통해 단순 · 반복 작업을 자동화할 수 있습니다.

예를 들어 5장에서 소개하는 GPT API를 통해 요청사항에 대한 자동 답변 메일을

발송하거나, 정해진 작업을 반복적으로 수행하도록 만들 수 있습니다.

특히 RPA(Robot Process Automation)와 연동하면 사람의 개입 없이

24시간 자동으로 작업을 수행할 수 있습니다.

CHAPTER 05

ChatGPT 스마트하게 사용하는 방법

컴퓨터 과학 분야에는 많은 분이 들어보셨을 오랜 격언이 하나 있습니다.

Garbage in, garbage out

(쓰레기를 입력하면 쓰레기가 출력된다)

ChatGPT는 기존의 챗봇과 다르게 답답함이 느껴지지 않습니다. 그럼에도 불구하고 어떤 경우에는 질문과 다른 답변을 하고, 너무 추상적인 답변을 늘어놓는 경우들이 있습니다. 이는 맞춤형 학습모델이 부족하기 때문입니다.

이럴 때는 ChatGPT의 답변에 대한 조건을 지정할 수 있습니다. 이를 통해 더 자세한 답변을 원하거나 의도와는 다른 답변을 방지하고, 특정 분야나 용도에 맞게 활용할 수 있도록 ChatGPT를 조정할 수 있습니다.

ChatGPT에게 하는 질문이나 요청을 프롬프트[prompt]라고 합니다. 자연어 질문이나 코드 스니펫[1], 명령어 등을 프롬프트로 활용할 수 있습니다. 이렇게 ChatGPT로부터 원하는 결과를 얻기 위해 프롬프트를 만들고 최적화하는 과정을 "프롬프트 엔지니어링"이라고 합니다.

만약 프롬프트 엔지니어링을 깊이 이해하고 싶지는 않지만, ChatGPT를 잘 활용하고 싶다면 5.2.3절의 AIPRM for ChatGPT 플러그인을 읽어보길 바랍니다. 이 장에서는 ChatGPT를 잘 사용하기 위한 방법들을 알아보겠습니다.

5장에서 다루는 내용

- ChatGPT를 잘 활용하기 위한 훈련 방법과 파라미터 사용 방법
- ChatGPT 활용을 위한 플러그인 사용법과 사이트
- GPT API 사용 방법
- 여러가지 버전의 GPT 사용 방법

---

[1]   재사용이 가능한 소스 코드나 텍스트의 작은 일부분

5.1 ChatGPT 사용방법

5.1.1 명령 프롬프트 사용하기

GPT 3.5를 기반으로 한 ChatGPT는 아쉽게도 한글 명령을 잘 처리하지 못합니다. 따라서 아래 프롬프트를 사용하면 원하는 명령을 잘 실행할 수 있습니다. 주로 사용되는 프롬프트를 표 5.1에 정리하였습니다.

목적	명령어	결과
문장 생성	Generate [숫자] [텍스트]	[숫자]만큼 문장을 생성
자동완성	Complete [텍스트]	[텍스트] 이어지는 문장 자동완성
답변	Answer [질문]	[질문]에 대한 답변
번역	Translate [텍스트] to [언어]	[텍스트]를 원하는 [언어]로 번역
설명	Explain [개념]	[개념]에 대한 설명
표현 변경	Paraphrase [텍스트]	[텍스트]에 대한 표현 방식을 변경
요약	Summarize [텍스트]	[텍스트]에 대한 요약
비교문장 생성	Compare [개념1] and [개념2]	[개념]을 비교하는 문장 생성
단위 변환	Convert [숫자] [단위1] to [단위2]	[숫자]의 단위를 변환
예측	Predict [데이터]	[데이터]를 분석하여 예측결과 생성

표 5.1 프롬프트 종류

예를 들어 "complete 고래는 매우 행복했습니다. 왜냐하면"이라고 입력하였습니다. 그러자 다음과 같이 문장을 자동으로 완성해주었습니다.

Complete 고래는 매우 행복했습니다. 왜냐하면

고래는 매우 행복했습니다. 왜냐하면 그녀는 긴 여행 후에 안전하게 바다로 돌아와서 가족과 친구들과 함께 있을 수 있었기 때문입니다. 또한, 그녀는 많은 먹이를 얻어서 배가 부르고 건강하며, 아름다운 해양 환경에서 살아갈 수 있었습니다. 마지막으로, 그녀는 인간들에게서 안전하게 멀리 떨어져 있었기 때문에 스트레스와 위협을 느끼지 않았을 것입니다. 이 모든 요소들이 고래가 매우 행복한 상태였다는 것을 보여줍니다.

5.1.2 하이퍼파라미터(hyper parameter) 사용하기

사용자가 인공지능 모델의 설정을 위해 조절하는 값으로, 프롬프트에 적용하면 원하는 결과를 얻는 데 도움이 됩니다. 예를 들어 원하는 주제, 맥락, 분량, 포맷(예시, 용어 정의)을 제시하는 것입니다. 조건은 콜론(:)을 사용하여 지정할 수 있으며, 조건이 여러 개인 경우 번호를 붙여서 사용할 수 있습니다. 이러한 조건을 하이퍼파라미터라고 합니다.

주제

콘텐츠 목표 : 블로그, 기사, 보고서 등

길이 : 500 단어, 2000자 등
형식 : 마크다운, html, csv, xml, json 등
대상 : 성인, 18세 미만, 여성 등
작문 스타일 : 전문가
기타 조건

표 5.3의 파라미터를 원하는 용도에 맞게 변경하면 됩니다. 문장의 톤^{Tone}이나 작문 스타일(문체)는 "8장. 참고자료"를 활용하시기 바랍니다.

사용 방법을 알아보기 위해 "창립 10주년 기념행사에 대한 홍보자료"를 만들어보겠습니다.

 A기업 창립 10주년 기념행사에 대한 홍보자료

콘텐츠 목표 : 블로그

길이 : 약 500 단어

형식 : 마크다운

대상 : 성인

작문 스타일 : 전문가

제목포함

자세한 설명 포함

회사소개와 업적 포함

일부 의료정보 포함

A기업, 창립 10주년 기념행사 개최

A기업은 10년 전, 우수한 기술력과 창의력으로 창업되었습니다. 이제 우리는 창립 10주년을 맞아 기념행사를 개최합니다.

회사소개

A기업은 제약 및 바이오 기업 분야에서 수년간의 경험을 토대로 하는 기술력과 글로벌 네트워크를 바탕으로 높은 수준의 연구개발과 생산을 추구하며, 지속적인 성장을 이루어내고 있습니다.

A기업은 대한민국뿐만 아니라, 세계 각국에서 엄선된 인재들과 함께하며 글로벌 기업으로 성장해나가고 있습니다.

주요 업적

10년간의 역사 속에서 A기업은 다양한 분야에서 업적을 세워왔습니다.

제약 분야

A기업은 제약분야에서 혁신적인 제품을 개발하여 많은 환자들의 삶을 개선시켰습니다. 우리는 지속적인 연구개발을 통해 더욱 많은 환자들에게 효과적인 치료제를 제공하고자 합니다.

바이오 분야

바이오 분야에서 A기업은 새로운 바이오마테리얼 및 생산공정 개발에 대한 연구를 수행하여 성과를 거두었습니다. 또한, 환경문제에 대한 대처방안으로서 바이오마테리얼 활용을 적극적으로 추진하고 있습니다.

10주년 기념행사 소개

A기업의 창립 10주년을 맞아 기념행사를 개최합니다.

일시 및 장소

날짜: 2023년 5월 1일 (월)

장소: 서울컨벤션센터 그랜드볼룸

행사 내용

- 창립 10주년 기념식

- A기업 업적 및 발전 방향 소개

- 각 분야 전문가 초청 강연

- 네트워킹 파티

참가신청

이번 기념행사는 초대를 통해서만 참석 가능합니다. A기업을 사랑하는 분들의 많은 참석 바랍니다.

마무리

A기업은 이번 기념 행사를 통해, 고객님들과 함께 성장해 온 10년의 시간을 되돌아보며, 더욱 앞서 나아갈 열정을 다지고자 합니다. 창립 10주년 기념 행사에 많은 관심과 참여 부탁드립니다.

감사합니다.

마크다운 스타일이 적용된 홍보자료가 생성되었습니다. 필요한 목차를 추가하거나, 내용을 보완하면 홍보자료 초안으로 활용할 수 있습니다.

5.1.3 이어서 질문하기

ChatGPT는 이전의 대화와 연결해서 계속 대화할 수 있습니다. 서로 다른 주제에 대해 이야기하고 싶다면 [New Chat] 기능을 이용해서 채팅방을 구분하는 것이 좋습니다.

앞의 질문에 계속 이어서 세부적으로 질문할 수 있는데, 이전의 요구사항을 계속 입력하며 질문하는 것이 좋습니다. ChatGPT는 4,000 토큰의 제한이 있으며, 이를 초과할수록 기존에 대화하던 맥락을 잊어가기 때문입니다. 질문은 Top-Down 형태로 점점 세분화하는 것이 ChatGPT가 퓨샷 학습을 통해 더 정확한 답변을 수행할 수 있습니다(그림 5.1 참조).

그림 5.1 퓨샷을 적용한 질문방법

예를 들어 ChatGPT가 대화의 맥락을 이해할 수 있도록 3단계에 걸쳐 세분화하면서 질문해보겠습니다. 먼저 알고 싶은 주제에 대해 질문했습니다.

인공지능에 대해 알려줘

 인공지능(AI, Artificial Intelligence)은 인간의 지능을 모방하여 기계가 스스로 학습하고 추론하는 능력을 갖춘 기술을 말합니다. 즉, 인공적으로 만들어진 시스템이 사람처럼 생각하고 학습할 수 있도록 만드는 기술이라고 할 수 있습니다.

인공지능은 머신러닝(Machine Learning), 자연어 처리(Natural Language Processing), 컴퓨터 비전(Computer Vision), 로보틱스(Robotics) 등 다양한 분야에서 적용됩니다. 예를 들어, 음성 인식 기술, 이미지 인식 기술, 자동 번역 기술, 추천 시스템 등이 인공지능 기술을 활용한 대표적인 예시입니다.

인공지능 기술은 현재 많은 분야에서 발전하고 있으며, 앞으로 더욱 많은 혁신과 발전이 예상됩니다.

이어서, 설명 중 많이 사용되는 머신러닝에 대해 구체적으로 다시 질문하였습니다.

머신러닝이 뭐야?

 머신러닝(Machine Learning)은 인공지능 분야 중 하나로, 컴퓨터가 데이터를 분석하고 패턴을 학습하여 스스로 문제를 해결할 수 있는 능력을 갖추는 기술입니다.

머신러닝은 데이터를 기반으로 모델을 학습시키고, 이 모델을 사용하여 새로운 데이터를 예측하거나 분류하는 등의 작업을 수행합니다. 예를 들어, 이메일 스팸 필터링, 음성 인식, 이미지 인식, 추천 시스템 등이 머신러닝의 대표적인 예시입니다.

머신러닝은 크게 지도학습, 비지도학습, 강화학습 등으로 분류됩니다. 지도학습은 입력 데이터와 해당 데이터의 레이블(정답)을 함께 제공하여 모델을 학습시키는 방식입니다. 비지도학습은 입력 데이터만을 이용하여 모델을 학습시키는 방식입니다. 강화학습은 보상과 패널티에 따라 최적의 행동을 찾아나가는 방식으로, 게임 등에서 인공지능이 학습하는 데 많이 사용됩니다.

머신러닝은 인공지능 분야에서 가장 중요하고 활용도가 높은 분야 중 하나이며, 이를 바탕으로 많은 혁신적인 기술이 개발되고 있습니다.

머신러닝이 적용된 이미지 인식 서비스가 어떤 것이 있는지 질문해보았습니다. 질문을 세분화하여 동작방식, 세부기술 설명, 응용사례 등 다양한 방식으로 활용할 수 있습니다.

이미지 인식에서 머신러닝은 어떤 방식으로 사용해?

 이미지 인식에서 머신러닝은 크게 두 가지 방식으로 사용됩니다.

지도학습(Supervised Learning): 지도학습은 입력 이미지와 해당 이미지의 레이블(정답)을 함께 제공하여 모델을 학습시키는 방식입니다. 예를 들어, 고양이와 개의 이미지를 구분하는 문제를 예로 들면, 입력 이미지와 해당 이미지가 고양이인지 개인지를 나타내는 레이블(정답)을 함께 제공하여 모델을 학습시킵니다. 학습된 모델은 새로운 이미지가 고양이인지 개인지를 예측할 수 있습니다.

비지도학습(Unsupervised Learning): 비지도학습은 입력 이미지만을 이용하여 모델을 학습시키는 방식입니다. 예를 들어, 이미지를 비슷한 패턴이나 특징을 가진 그룹으로 분류하는 클러스터링(Clustering) 기법이 이 방식에 해당합니다.

이외에도, 딥러닝(Deep Learning)을 이용한 CNN(Convolutional Neural Network)이나 R-CNN(Region-based CNN) 등의 알고리즘을 이용하여 이미지 인식 문제를 해결하는 방식도 있습니다. 이러한 방식들은 이미지 인식 분야에서 높은 정확도와 성능을 보여주고 있으며, 최근에는 GAN(Generative Adversarial Networks)이나 Transformer와 같은 새로운 기술이 적용되기도 합니다.

퓨샷 학습을 통해 대화하는 주제의 맥락과 의도를 학습시키면서 대화할 수 있습니다. 예를 들어 다음과 같이 질문할 수 있습니다.

- 이 주제에 대해 (1) 유머 (2) 예시 또는 사례를 넣어서 답변해줘
- 하위항목에 대해 계속 설명해줘

앞서 질문한 이미지 인식에서 기계학습을 적용한 사례가 어떤 것이 있는지 질문해보았습니다. 우리가 대표적으로 많이 사용하는 구글 이미지 검색의 사례 등을 예시로 설명하고 있습니다.

이미지 인식에서 기계 학습을 적용한 사례를 알려줘

이미지 인식 기술에 기계학습을 적용한 다양한 서비스가 있습니다. 몇 가지 예시를 들어보면 다음과 같습니다.

구글 이미지 검색(Google Image Search): 구글 이미지 검색은 입력한 키워드와 관련된 이미지를 검색해주는 서비스입니다. 이 서비스는 이미지의 시각적 특징을 분석하여 검색어와 연관된 이미지를 찾아내는데, 이때 기계학습 기술이 사용됩니다.

얼굴 인식(Face Recognition): 얼굴 인식 기술은 얼굴을 인식하여 해당 인물을 식별하는 기술로, CCTV나 보안 시스템 등에서 널리 사용됩니다. 이 서비스는 얼굴 이미지에서 특징을 추출하고 이를 이용하여 인물을 식별합니다. 이때도 기계학습 알고리즘이 사용됩니다.

이미지 검색(Image Search): 이미지 검색은 입력한 이미지와 비슷한 이미지를 검색해주는 서비스입니다. 이 서비스는 이미지의 시각적 특징을 분석하여 비슷한 이미지를 찾아내는데, 이때 기계학습 기술이 사용됩니다.

의료 영상 진단(Medical Image Diagnosis): 의료 영상 진단은 의료 이미지를 분석하여 질병을 진단하고 치료 방법을 제안하는 기술입니다. 이 서비스도 기계학습 기술을 사용하여 의료 이미지에서 질병의 특징을 추출하고 이를 이용하여 진단을 수행합니다.

위와 같은 서비스들은 이미지 인식 기술에 머신러닝을 적용한 대표적인 예시 중 일부입니다. 이외에도, 자율주행 자동차에서의 이미지 인식, 언어 번역에서의 이미지 인식, 스마트폰 카메라 앱에서의 이미지 인식 등 다양한 분야에서 이미지 인식 기술이 활용되고 있습니다.

요약이나 번역을 위해 긴 글을 입력해야 하는 경우가 있습니다. 이를 때는 프롬프트에 문장을 잘라서 넣겠다고 미리 선언한 뒤 여러 번 나눠 입력할 수 있습니다. 하지만 너무 많은 글을 잘라서 넣는 것도 효율적이지 않습니다. 이럴 때는 7장의 파일을 업로드하고 채팅을 할 수 있는 GPT 서비스와 파일 요약 서비스를 사용해보시기를 바랍니다.

5.1.4 ChatGPT를 사용하기 위해 알아둬야 할 것들

ChatGPT를 잘 활용하기 위해서는 다음과 같은 특징을 참고하시기 바랍니다.

- 원하는 결과물을 정확하게 명시할 것(위의 프롬프트 명령어와 예시 참조)
- 하나의 대화창에서 여러 주제를 얘기하지 말 것
- 수학 계산은 되도록 시키지 말 것
- 원하는 결과의 예시를 들어줄 것
- 부정어를 사용하지 않을 것(not 등 부정어를 잘 이해하지 못함)
- 출력을 요약해달라고 할 것
- 여러 번에 걸쳐 단계적으로 명령할 것
- 원하는 답변이 아닌 경우 프롬프트를 수정해볼 것

Upanishad Sharma의 "ChatGPT를 위한 최고의 프롬프트 110선"을 참고하는 것도 도움이 될 것 같습니다. "110 Best ChatGPT Prompts for All Kinds of Workflow"를 입력하거나 아래의 주소에서 확인할 수 있습니다.

- 프롬프트 추천 사이트 : https://beebom.com/best-chatgpt-prompts/

5.2 유용한 ChatGPT 플러그인(확장 앱)

ChatGPT의 장점은 다양한 플러그인과 응용 서비스들이 출시되고 있다는 것입니다. 출시된 플러그인에는 여러 가지가 있는데, 자주 사용하는 플러그인들에 대해 알아보겠습니다.

여기서는 가장 많이 사용되는 크롬 브라우저를 기반으로 설명합니다. 대부분의 ChatGPT 플러그인은 크롬 웹스토어에서 설치 후 사용할 수 있으며, 일부 유료로 전환된 플러그인이 있을 수 있습니다.

5.2.1 구글 검색과 ChatGPT 질문을 한 번에 - ChatGPT for Google

ChatGPT를 사용하다 보면 검색 사이트의 결과도 궁금한 경우가 있습니다. ChatGPT for google은 검색엔진에서 검색한 결과와 ChatGPT의 답변을 같이 보여주는 플러그인입니다.

검색엔진과 ChatGPT를 두 번 검색할 필요 없이 한 번에 확인할 수 있습니다. 현재 Google, Baidu, Bing, DuckDuckGo, Brave, Yahoo, Naver, Yandex, Kagi, Searx를 지원합니다.

그림 5.2와 같이 구글 크롬 웹스토어를 검색합니다.

그림 5.2 크롬 웹스토어 검색

그림 5.3의 왼쪽 상단 검색창에 "chatgpt for google"을 입력합니다. ChatGPT for google을 클릭한 뒤 **Chrome에 추가 ➤ 확장프로그램에 추가**를 클릭합니다.

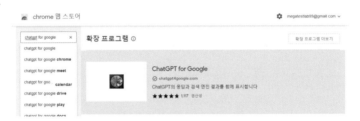

그림 5.3 ChatGPT for Google 검색결과

그림 5.4의 **Options**를 설정할 수 있지만 여기서는 기본값에서 변경하지 않고 **Save**를 누릅니다. **Language**는 "Auto"를 추천합니다. Korean으로 변경하지 않더라도 한국어로 답변을 보여주니 따로 변경하지 않아도 됩니다.

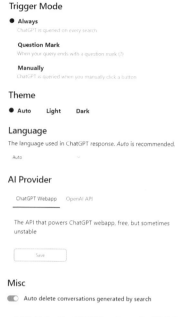

구글에서 삼일절에 대해 검색해보았습니다. 그림 5.5에서 기존의 검색 결과와 함께 오른쪽에 ChatGPT 답변도 같이 출력되는 것을 확인할 수 있습니다.

그림 5.5 구글 검색 결과

이와 유사한 프로그램으로는 "ChatGPT for Search Engines"가 있습니다. 사용하기 편한 프로그램으로 설치하시면 됩니다.

5.2.2 ChatGPT 질문과 답변 자동 번역 - 프롬프트 지니

프롬프트 지니는 강력히 추천하는 ChatGPT 플러그인 중의 하나입니다. 사용자의 질문을 한글과 영어로 자동 번역해주는 기능을 합니다.

앞서 ChatGPT는 한글보다 영어로 질문했을 때 더 빠르고 정확한 답변을 얻을 수 있다고 설명했습니다. 학습한 언어의 98%가 영어이기 때문에 한 글은 속도가 느리고 자세한 답변에 제한이 있습니다.

그리고 과거의 내용을 서서히 잊어버리기 때문에 주기적으로 요구사항을 입력해주는 것이 대화의 맥락을 유지하는 데 좋다고 했습니다. 대화를 위한 토큰^Token^ 은 영어보다 한글을 표현하는 데 더 많이 사용됩니다. 따라서 영어로 질문을 하게 되면 대화 맥락을 유지하는 데 도움이 됩니다.

프롬프트 지니는 사용자가 한글로 질문을 하면 실시간으로 영어로 번역해서 ChatGPT로 보내고, 영어답변을 다시 한글로 자동 변환해주는 플러그인입니다. 질문과 답변은 영어와 한글 둘 다 확인할 수 있습니다. ChatGPT에 질문할 때 직접 번역해서 질문해도 되지만 과정이 번거롭기 때문에 쉽게 사용할 수 있도록 해주는 매우 유용한 앱입니다. 크롬 브라우저 외에도 엣지, 웨일 브라우저를 지원합니다.

프롬프트 지니에서 소개하는 장점은 다음과 같습니다.

- 2~3배 빠른 응답
- 2~5배 긴 답변 출력
- 답변 중간 끊김 현상 최소화
- 대화 내용을 3~4배 더 길게 ChatGPT가 기억

아래 순서대로 프롬프트 지니를 설치합니다.

그림 5.6과 같이 크롬 웹스토어에서 "프롬프트 지니"를 검색한 후 **Chrome에 추가**합니다.

그림 5.6 프롬프트 지니 설치화면

설치 후 ChatGPT 화면에 들어가면 그림 5.7의 **번역해서 질문**이라는 버튼이 새로 생겼습니다. 만약 보이지 않는다면 브라우저를 **새로고침**하시기 바랍니다.

우측 지니 아이콘을 눌러 지니를 불러보세요

커뮤니티 **ChatGPTers** 커뮤니티

번역해서 질문

그림 5.7 프롬프트 지니 설치결과

기존과 동일하게 채팅창에 "한국 여름휴가 여행지 3곳을 추천해줘"라고 입력한 후 엔터키를 입력하지 않고 **번역해서 질문** 버튼을 클릭해보겠습니다.

한국 여름휴가 여행지 3곳을 추천해줘

번역결과

Please recommend 3 places for summer vacation in Korea

Sure, here are three places to consider for summer vacation in Korea:

Jeju Island: Known for its beautiful beaches and crystal-clear waters, Jeju Island is a popular summer destination for both locals and tourists. In addition to its beaches, the island also offers a variety of attractions, including waterfalls, volcanic landscapes, and traditional villages.

Sokcho: Located on the east coast of Korea, Sokcho is a popular destination for those who enjoy hiking and outdoor activities. The nearby Seoraksan National Park is a must-visit attraction, with its scenic mountain trails and stunning views.

Busan: As Korea's second-largest city, Busan offers a mix of urban and beach vacation experiences. The city has several beautiful beaches, as well as plenty of shopping, dining, and entertainment options. It's also home to several cultural attractions, such as the Gamcheon Culture Village and the Busan Museum of Art.

번역결과

물론, 한국에서 여름 휴가를 보내기 위해 고려해야 할 세 곳은 다음과 같습니다.

제주도: 아름다운 해변과 맑은 바닷물로 유명한 제주도는 현지인과 관광객 모두에게 인기 있는 여름 휴양지입니다. 해변 외에도 섬에는 폭포, 화산 지형, 전통 마을 등 다양한 명소가 있습니다.

속초: 한국의 동해안에 위치한 속초는 하이킹과 야외 활동을 즐기는 사람들에게 인기 있는 여행지입니다. 인근의 설악산 국립공원은 아름다운 산길과 멋진 전망을 자랑하는 꼭 방문해야 할 명소입니다.

부산: 한국에서 두 번째로 큰 도시인 부산은 도시와 해변에서 휴가를 즐길 수 있는 복합적인 경험을 제공합니다. 이 도시에는 여러 아름다운 해변과 다양한 쇼핑, 식사 및 엔터테인먼트 옵션이 있습니다. 감천문화마을, 부산시립미술관 등 다양한 문화 명소가 있는 곳이기도 합니다.

질문을 자동으로 번역하고, 영어로 된 답변을 다시 자동으로 한글 번역해주는 것을 확인할 수 있습니다. 프롬프트 지니는 5.2.4절에서 소개할 AIPRM 앱과 함께 사용하면 더욱 효과적입니다.

5.2.3 ChatGPT 실시간 정보 반영 - WebChatGPT

ChatGPT의 최대 단점 중의 하나는 최신 정보를 반영할 수 없다는 것입니다. "WebChatGPT"는 인터넷 정보를 액세스해서 ChatGPT의 대화 성능을 향상합니다.

예를 들어 ChatGPT에게 어제 마이크로소프트 주식 가격에 대해 알려달라고 해보았습니다(그림 5.8 참조).

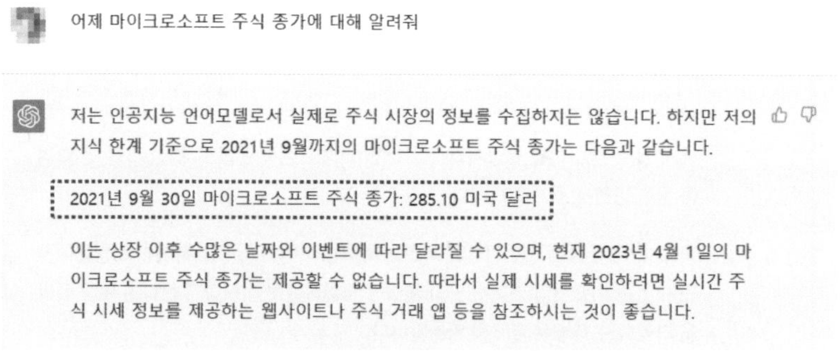

 어제 마이크로소프트 주식 종가에 대해 알려줘

 저는 인공지능 언어모델로서 실제로 주식 시장의 정보를 수집하지는 않습니다. 하지만 저의 👍 👎
지식 한계 기준으로 2021년 9월까지의 마이크로소프트 주식 종가는 다음과 같습니다.

2021년 9월 30일 마이크로소프트 주식 종가: 285.10 미국 달러

이는 상장 이후 수많은 날짜와 이벤트에 따라 달라질 수 있으며, 현재 2023년 4월 1일의 마이크로소프트 주식 종가는 제공할 수 없습니다. 따라서 실제 시세를 확인하려면 실시간 주식 시세 정보를 제공하는 웹사이트나 주식 거래 앱 등을 참조하시는 것이 좋습니다.

그림 5.8 WebChatGPT 설치 전 검색 결과

ChatGPT는 2021년까지 데이터를 학습하였기 때문에 2021년 9월 30일의 마이크로소프트 주식 가격에 대해 답변하고 있습니다. 그림 5.9와 같이 크롬 웹스토어에서 "WebChatGPT"를 검색한 후 설치합니다.

홈 > 확장 프로그램 > WebChatGPT: 인터넷 액세스가 가능한 ChatGPT

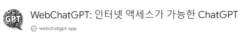

WebChatGPT: 인터넷 액세스가 가능한 ChatGPT

⊘ webchatgpt.app

★★★★★ 172 ⓘ   생산성 | 사용자 700,000+명

Chrome에 추가

개요   개인 정보 보호 관행   리뷰   관련 프로그램

그림 5.9 WebChatGPT 설치화면

설치 후 어제 마이크로소프트 주가에 대해 다시 질문해보았습니다.

 Web search results:

[1] "Discover historical prices for MSFT stock on Yahoo Finance. View daily, weekly or monthly format back to when Microsoft Corporation stock was issued."
URL: https://finance.yahoo.com/quote/MSFT/history

[2] "Get the latest Microsoft Corp (MSFT) real-time quote, historical performance, charts, and other financial information to help you make more informed trading and investment decisions."
URL: https://www.google.com/finance/quote/MSFT:NASDAQ

[3] "View the latest Microsoft Corp. (MSFT) stock price, news, historical charts, analyst ratings and financial information from WSJ."
URL: https://www.wsj.com/market-data/quotes/MSFT

Current date: 2023. 4. 1.

Instructions: Using the provided web search results, write a comprehensive reply to the given query. Make sure to cite results using [[number](URL)] notation after the reference. If the provided search results refer to multiple subjects with the same name, write separate answers for each subject.
Query: let me know the stock price at close of microsoft yesterday.
Reply in 한국어

 어제 마이크로소프트(Microsoft) 종가 주가를 알려주세요.

Microsoft의 어제(2023. 3. 31) 종가 주가는 325.43달러였습니다. [1] [2] [3]

그림 5.10 WebChatGPT 설치 후 검색 결과

최신 정보를 반영하여, 2023년 3월 31일 마이크로소프트의 종가는 325.43달러였다고 답변합니다(그림 5.10 참조).

5.2.4 명령 프롬프트 최적화 - AIPRM for ChatGPT

AIPRM for ChatGPT는 원하는 답변을 얻을 수 있도록 프롬프트를 사전에 정의해놓고, 활용할 수 있는 ChatGPT 프롬프트 최적화 플러그인입니다. 현재 AIPRM에는 350개 이상의 프롬프트를 보유하고 있습니다.

ChatGPT의 기능을 최대로 활용할 수 있는 중요한 애플리케이션으로, ChatGPT에게서 최상의 데이터를 추출하기 위한 프롬프트를 만들어줍니다. 사용해보지 않았다면 익혀두시기를 추천해 드립니다.

ChatGPT의 기능을 최대한 활용하기 위해 많은 사용자가 프롬프트 지니와 AIPRM for ChatGPT를 같이 사용하는 것을 추천하고 있습니다.

먼저 크롬 웹스토어에서 그림 5.11과 같이 "AIPRM for ChatGPT"를 검색한 후 **Chrome에 추가**합니다.

그림 5.11 AIPRM for ChatGPT 설치화면

AIPRM 소개화면이 나오면 **I Read and accept...**을 체크한 후 **Confirm**을 클릭합니다. ChatGPT 대화창을 새로고침하면 그림 5.12와 같이 초기화면이 변경된 것을 확인할 수 있습니다.

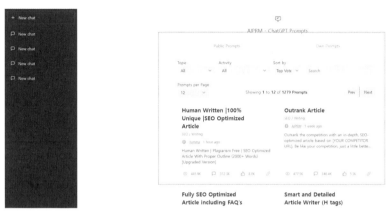

그림 5.12 AIPRM for ChatGPT 설치 결과

상단의 **Public Prompts**와 **Own Prompts**가 있습니다. Public Prompts는 다른 사람들이 공개한 프롬프트를 사용하는 것이고, **Own Prompts**는 자신이 직접 만들어서 사용하는 것입니다.

이 장에서는 **Public Prompts**를 기준으로 설명합니다.

Topic은 프롬프트의 주제를 선택할 수 있습니다. 마케팅, 소프트웨어 코드 등을 선택합니다. 잘 모르겠으면 "All"로 선택합니다.

Activity는 주제 또는 용도를 선택할 수 있습니다. 연구, 글쓰기, 요약 등이 있습니다. 역시 잘 모르겠으면 "All"로 선택합니다.

Sort by는 정렬 기준입니다. "Top votes", "Top views", "Last Updates"가 있는데 보통 투표가 많은 "Top votes"를 선택합니다. 다른 사람들이 좋은 평가를 많이 한 프롬프트라는 의미입니다.

Search는 필요한 키워드를 입력하면 됩니다. "youtube", "blog", "manuscript" 등 목적에 맞는 키워드를 입력하면 최적화된 프롬프트를 찾아줍니다. ChatGPT에게 질문하면 해당 스타일을 참고하여 답변을 받을 수 있습니다.

예를 들어 회사 홈페이지 개편에 대한 보도자료를 만들어보겠습니다.

1. 그림 5.13의 화면 중간에 있는 [Write Best Smart Article Best to rank no 1 on Google]을 선택하여, 구글 검색 결과 1위의 기사를 만들어 달라고 하였습니다.

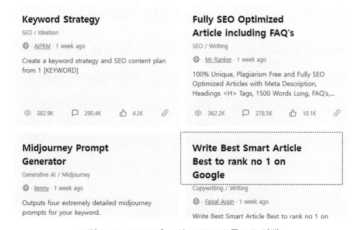

그림 5.13 AIPRM for ChatGPT 프롬프트 선택

2. Output in은 "한국어"를 선택하였고, Writing Style은 "Journalistic"을 선택하였습니다(그림 5.14 참조).

그림 5.14 AIPRM for ChatGPT 답변 방식

Tone에서는 문장을 차갑게, 따뜻하게 등을 설정할 수 있고, Writing Style은 글의 목적에 맞는 문체를 선택할 수 있습니다.

3. "회사 홈페이지 개편에 대한 뉴스 보도자료 만들어줘"라고 입력하였습니다.

{start article}

회사 홈페이지 개편에 대한 뉴스 보도자료를 만들어줘

안녕하세요, 저희 회사는 최근 홈페이지 개편을 진행하였습니다. 고객들에게 더욱 나은 서비스를 제공하고자 하는 우리의 마음을 담아, 홈페이지를 새롭게 리뉴얼하였습니다.

새롭게 변경된 홈페이지에서는 고객들이 보다 쉽게 우리의 제품과 서비스 정보를 확인할 수 있도록 구성되었으며, 사용자 경험을 개선하기 위해 최신 기술과 디자인을 적용하였습니다.

우리는 이번 홈페이지 개편으로 고객들에게 다음과 같은 혜택을 제공하고자 합니다.

1. 보다 직관적인 사용자 인터페이스
   새롭게 구성된 홈페이지는 사용자들이 제품 및 서비스 정보를 보다 쉽게 찾을 수 있도록 직관적인 인터페이스로 디자인되었습니다. 이전 홈페이지에서는 정보를 찾는 것이 어려웠지만, 이제는 쉽고 빠르게 정보를 찾아볼 수 있습니다.
2. 모바일 최적화
   우리는 고객들의 편의를 위해 모바일 환경에서도 우리의 홈페이지를 이용할 수 있도록 최적화하였습니다. 이제 어디에서나 쉽게 우리의 제품 및 서비스 정보를 확인하실 수 있습니다.
3. 다양한 서비스 제공
   새롭게 변경된 홈페이지에서는 고객들이 우리의 제품 및 서비스를 더욱 다양하게 이용할 수 있도록 다양한 서비스를 제공하고 있습니다. 예를 들어, 새로운 프로모션 정보나 할인 쿠폰, 뉴스레터 등을 제공하고 있습니다.
4. 개인화된 서비스
   우리는 고객들의 요구에 따라 맞춤형 서비스를 제공하기 위해 노력하고 있습니다. 개인화된 서비스를 제공함으로써 고객들의 만족도를 높이고, 더 많은 고객들의 이목을 끌고자 합니다.

그림 5.15 AIPRM for ChatGPT의 프롬프트로 생성한 보도자료

그림 5.15와 같이 제법 그럴듯한 보도자료 초안이 자동으로 생성됐습니다. 더 많은 키워드와 조건을 제시하고, 적절히 결과를 편집하면 쉽게 보도자료를 만들 수 있습니다.

Topic에서 "Generative AI"를 선택하면 그림을 그려주는 인공지능 서비스에서 사용할 수 있는 프롬프트를 생성합니다. GPT-3.5 버전의 ChatGPT는 직접 그림을 생성할 수 없지만 그림을 그려주는 다른 인공지능 서비스에서 사용할 수 있는 프롬프트를 생성해주는 것입니다.

이번 장에서는 AIPRM의 사용법을 소개하는 것이 목적이므로, 실제로 이미지 생성을 위한 인공지능 모델을 사용해보고 싶다면 "7장"의 그림 그리기를 참고하시기를 바랍니다.

Topic에서 "Generative AI"를 선택하고, Activity는 "Stable Diffusion"을 선택해보겠습니다(그림 5.16 참조).

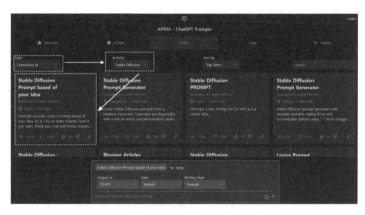

그림 5.16 스테이블 디퓨전 프롬프트 생성

프롬프트 중에서 **Stable Diffusion Prompt based of your Idea**가 가장 인기가 많은 것 같습니다. 선택 후 대화창에 명령어를 입력해보겠습니다. Stable Diffusion에서 사용할 프롬프트이기 때문에 **Output in**은 영어를 선택해야 합니다.

프롬프트 지니를 설치했기 때문에 한글로 "SF 소설 책의 배경에 사용할 이미지를 그려줘"라고 입력했고, 다음과 같이 스테이블 디퓨전의 프롬프트가 생성되었습니다.

 SF 소설 책의 배경에 사용할 이미지를 그려줘

Positive Prompt:

Subject: A futuristic cityscape

Action: Glowing with neon lights

Context: A bustling metropolis

Environment: At night

Lighting: Neon

Artist: Syd Mead

Style: Cyberpunk

Medium: Digital painting

Type: Cityscape

Color Scheme: Dark blue, purple, neon green

Computer Graphics: 3D

Quality: 4K

Negative Prompt:

No humans

No rain

No smog

답변 중 이미지에 사용했으면 하는 Positive Prompt 명령어와 사용하지
않았으면 하는 Negative Prompt를 각각 복사하여 그림 5.17의 스테이블
디퓨전에 붙여넣기 했습니다.

그림 5.17 스테이블 디퓨전 입력화면

Generate를 클릭하면 약 1~3분 내외로 이미지가 생성됩니다. 그림 5.18은
ChatGPT에서 생성한 프롬프트를 입력하여 스테이블 디퓨전에서 생성한
이미지입니다.

그림 5.18 스테이블 디퓨전에서 생성한 이미지

5.2.5 유튜브 동영상 요약 – YouTube Summary with ChatGPT

ChatGPT를 통해 YouTube의 동영상을 요약할 수 있습니다.

1. 먼저 크롬 웹스토어에서 "YouTube Summary with ChatGPT"를 설치합니다(그림 5.19 참조).

그림 5.19 YouTube Summary with ChatGPT 설치화면

2. 유튜브 사이트로 이동합니다. 여기서는 전설적인 영상인 스티브 잡스의 아이폰 소개 영상을 요약해보겠습니다. "스티브 잡스 아이폰 소개"를 검색합니다.

   그림 5.20의 오른쪽의 [Transcript & Summary]에 시간대별 내용이 나옵니다. 아쉽게도 아직 영어밖에 지원하지 않습니다.

그림 5.20 동영상 스크립트 생성

3. 우측 상단의 View & Summary를 눌러봅니다. ChatGPT 대화창이 열리면서 그림 5.21과 같이 동영상 원문과 요약된 내용이 나옵니다.

 In this video, Steve Jobs presents the iPhone, which he describes as a revolutionary product that combines a widescreen iPod with touch controls, a revolutionary mobile phone, and a breakthrough internet communications device. He explains that previous smartphones were not easy to use and had fixed control buttons that couldn't be changed for each application, but the iPhone uses a touchscreen that allows users to control it with their fingers. Jobs also talks about the software that runs the iPhone, which is powerful enough to create desktop-class applications and networking. The iPhone's design is sleek, with only one button on the front and three advanced sensors built into the phone. Overall, Jobs presents the iPhone as a leapfrog product that is way smarter and easier to use than any mobile device that has come before it.

번역결과

이 비디오에서 Steve Jobs는 iPhone을 소개합니다. 그는 이 iPhone을 터치 컨트롤이 있는 와이드스크린 iPod, 혁신적인 휴대폰 및 혁신적인 인터넷 통신 장치를 결합한 혁신적인 제품이라고 설명합니다. 그는 이전 스마트폰은 사용하기 쉽지 않았고 제어 버튼이 고정되어 있어 애플리케이션마다 변경할 수 없었지만, 아이폰은 사용자가 손가락으로 제어할 수 있는 터치스크린을 사용한다고 설명합니다. 잡스는 또한 데스크톱 수준의 애플리케이션과 네트워킹을 만들 수 있을 만큼 강력한 iPhone을 실행하는 소프트웨어에 대해서도 이야기합니다. iPhone의 디자인은 전면에 단 하나의 버튼과 전화기에 내장된 3개의 고급 센서로 매끈

그림 5.21 동영상 요약 결과

프롬프트 지니가 설치된 경우 자동으로 한글 번역까지 출력이 됩니다. 아직 설치하지 않았다면 ChatGPT에게 "한글로 번역해줘"라고 요청하면 됩니다.

5.2.6 ChatGPT 유틸 - ChatGPT Optimizer Boost Your AI Workflow

우리는 앞서 ChatGPT가 약 4,000개의 토큰Token을 지원한다는 것을 살펴보았습니다. 토큰은 대략 단어의 개수 정도로 이해하면 됩니다.

"ChatGPT Optimizer Boost Your AI Workflow"는 ChatGPT의 답변에 대한 대략적인 토큰의 개수를 알 수 있으며, 답변을 쉽게 복사하거나 음성으로 읽어주는 기능이 있습니다.

1. 크롬 웹스토어에서 "ChatGPT Optimizer Boost Your AI Workflow"를 검색 후 설치합니다.

2. 설치 후 ChatGPT를 새로고침합니다.

3. 다음 장에서 살펴볼 "API에 대해 설명해줘"라고 요청하였습니다.

API란 "Application Programming Interface"의 약자로, 다른 소프트웨어 애플리케이션과 상호 작용하기 위한 프로그래밍 인터페이스를 말합니다.

API를 사용하면 서로 다른 두 애플리케이션 간에 데이터를 교환하거나 서비스를 공유할 수 있습니다. 예를 들어, 페이스북에서 로그인을 할 때, 페이스북 API를 사용하여 다른 웹사이트나 애플리케이션에서 사용자 정보를 가져올 수 있습니다.

API는 웹 API와 데스크톱 애플리케이션 API로 나뉩니다. 웹 API는 웹에서 사용되며, HTTP 요청과 응답을 통해 데이터를 전송합니다. 데스크톱 애플리케이션 API는 데스크톱 애플리케이션에서 사용되며, 다양한 프로그래밍 언어와 플랫폼에서 지원됩니다.

API는 다양한 형태로 제공될 수 있습니다. 일반적으로는 REST(Representational State Transfer) API가 많이 사용됩니다. REST는 HTTP를 기반으로 한 웹 서비스 아키텍처로, 자원을 URI로 식별하고 HTTP 메서드를 사용하여 자원을 조작합니다.

API는 개발자가 다른 애플리케이션과 통합하고 확장할 수 있는 매우 강력한 도구입니다. 많은 회사들이 API를 제공하여 개발자들이 쉽게 사용할 수 있도록 하고 있으며, 이를 통해 애플리케이션의 기능을 확장하고 개발 시간을 단축할 수 있습니다.

Copy   Copy HTML   Read Aloud   667 chars | 128 words

그림 5.22 API에 대한 답변 결과

그림 5.22의 **Copy**버튼은 답변을 바로 복사하는 기능, **Read Aloud**버튼은 답변을 읽어주는 기능입니다. 오른쪽의 "667 chars | 128 words"는 답변이 667개의 글자와 128개의 단어로 이루어졌다는 것을 의미합니다.

5.2.7 자동 이메일 생성 - ChatGPT Writer

ChatGPT Writer은 구글 G메일에서 주제를 입력하면 이메일 초안을 자동으로 만들어주는 플러그인입니다. 구글 G메일에서 생성이 되지만 다른 이메일에서도 작동합니다. 만약 원활하게 동작하지 않는다면 G메일에서 메일 내용을 생성 후 자신이 사용하는 이메일로 복사&붙여넣기 하면 됩니다.

ChatGPT Writer의 특징은 다음과 같습니다.

- 이메일 및 메시지를 작성
- 문법 오류 수정
- 이메일 문장의 톤과 스타일 변경
- 텍스트 요약
- Chrome, Brave, Edge 등의 브라우저 지원

크롬 웹스토어에서 ChatGPT Writer을 검색하여 **Chrome에 추가**합니다 (그림 5.23 참조).

그림 5.23 ChatGPT Writer 설치화면

그림 5.24 아래쪽의 ChatGPT **Writer 아이콘**을 클릭한 후 "여름휴가 안내 메일"이라는 주제를 입력하였습니다. **Generate Email**을 클릭하면 자동으로 이메일의 내용이 생성됩니다.

그림 5.24 ChatGPT Writer 이메일 주제 입력

그림 5.25의 [Response generated] 하단에 이메일 내용이 생성되었습 니다. **Copy Response & Close**를 클릭하여 생성된 이메일의 본문을 복사합 니다.

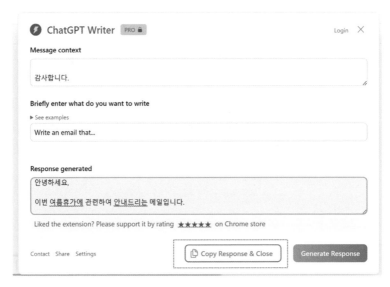

그림 5.25 ChatGPT Writer 이메일 생성결과

생성된 원문은 다음과 같습니다.

안녕하세요.

이번 여름휴가에 관련하여 안내드리는 메일입니다.

우리 회사에서는 모든 직원들에게 휴가를 부여해주고 있으며, 여름휴가는 매우 중요한 시기입니다. 이번 여름휴가는 6월 1일부터 8월 31일까지 3개월간 진행됩니다.

휴가 신청은 인터넷을 통해 이루어지며, 휴가 신청서는 미리 작성하여 제출해주시기 바랍니다. 또한, 휴가 신청 기한은 휴가 시작일 2주 전까지입니다.

휴가 기간 동안 연락이 필요한 경우, 연락처를 꼭 남겨주시기 바랍니다.

모두가 안전하고 즐거운 여름휴가를 보내시기 바랍니다.

감사합니다.

좋은 하루 보내세요.

G메일로 복사하거나 자신이 사용하는 이메일에 내용을 붙여넣은 다음 수신자를 지정하여 발송할 수 있습니다. 자동응답 메일이나 반복되는 메일을 발송할 경우 활용할 수 있습니다.

5.3 ChatGPT 활용을 위한 사이트

5.3.1 질문과 답변을 위한 토큰 개수 확인

GPT API나 플레이그라운드에서는 토큰의 개수에 따라 비용이 부과됩니다. 이 토큰 개수에는 입력하는 프롬프트와 GPT가 답변한 결과가 포함됩니다. 아래 토크나이저에 접속한 후 질문과 답변을 입력하면 토큰을 얼마나 사용했는지 알 수 있습니다. 이를 통해 대략적인 비용을 추정할 수 있습니다.

- 토크나이저 주소 : https://platform.openai.com/tokenizer

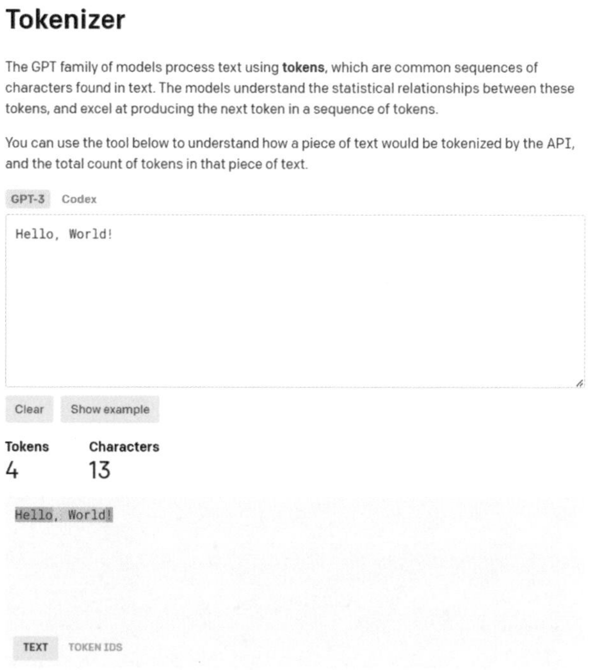

그림 5.26 토크나이저 토큰 개수 확인 결과

그림 5.26에서 입력한 글자^{Characters}는 스페이스를 포함하여 13자이고, 이를 처리하는 데 사용되는 토큰은 4인 것을 확인할 수 있습니다.

5.3.2 표절 검사

ChatGPT는 인터넷 상의 방대한 텍스트를 학습하였습니다. 자료는 논문, 소설, 기사 등 다양한 데이터를 포함하고 있기 때문에 지식재산권이 문제가 될 수 있습니다. 불미스러운 상황을 방지하기 위해 일반적으로 논문을 작성하는 국내 연구자들은 카피킬러를 많이 사용하고 있습니다. 저도 석사 학위논문을 쓰던 당시 표절여부를 검사하기 위해 사용하였습니다(그림 5.27 참조).

- 카피킬러 : https://www.copykiller.com/

그림 5.27 카피킬러 접속 화면

하루 1회 표절검사가 가능하며, 추가 이용 시 결제가 필요합니다. 파일은 100KB 이하 또는 3,000자 이하의 텍스트를 검사할 수 있습니다.

| 문서업로드

그림 5.28 문서 업로드를 통한 표절 검사

그림 5.28에서 볼 수 있는 화면과 같이 파일을 업로드하거나 직접 입력을 통해 표절 검사를 수행할 수 있습니다. 그러나 카피킬러를 사용했다고 해서 저작권으로부터 안전하다는 것을 보장하지는 않습니다. 자료를 인용할 때는 그 저작권을 확인하거나 저작권자의 허락을 구하고, 출처를 표기하는 것이 좋습니다.

5.4 GPT API 사용하기

ChatGPT는 브라우저에서 대화를 통해 사용할 수도 있지만, GPT-3.5 API[2]를 통해 다른 애플리케이션에서 사용할 수 있습니다. API라고 해서 어렵게 생각할 필요는 없습니다. 그냥 엑셀, 워드 등 다른 프로그램에서 ChatGPT를 사용한다고 이해하면 됩니다.

OpenAI는 다양한 생성형 인공지능 모델을 API로 제공하고 있습니다. 표 5.2는 OpenAI에서 제공하는 생성형 인공지능 모델을 정리한 것입니다.

---

2   Application Programming Interface, 다른 소프트웨어 애플리케이션과 상호 작용하기 위한 프로그래밍 인터페이스

구분	방식
GPT-4	자연어 또는 코드를 이해하고 처리할 수 있는 모델
GPT-3.5	자연어 또는 코드를 이해하고 처리할 수 있는 모델
DALL·E	자연어를 입력하여 이미지를 생성하거나 편집할 수 있는 모델
Whisper	오디오를 텍스트로 변환할 수 있는 모델
Embeddings	텍스트를 숫자형식으로 변환할 수 있는 모델
Moderation	텍스트의 안전성이나 민감성을 감지할 수 있는 미세조정 모델
GPT-3	자연어를 이해하고 처리할 수 있는 모델
Codex (사용중지)	자연어를 코드로 변환하는 등 코드에 최적화된 모델

표 5.2 OpenAI의 생성형 인공지능 모델

여기서는 GPT-3.5를 이용한 API 호출 방법에 대해 알아보겠습니다. GPT API는 호출 횟수 당 비용이 과금이 되지만 상당히 저렴한 편입니다. 그리고 최초 가입 시에는 18$에 해당하는 무료 크레딧을 제공하기 때문에 이번 장을 연습하는 데는 문제가 없습니다.

API 사용법에 익숙해지면 매번 ChatGPT에게 질문을 하지 않더라도 단순·반복 작업을 자동화하는 데 도움이 됩니다. 예를 들어 저는 해외 논문을 번역하고, 요약하는 작업에 활용하고 있습니다.

5.4.1 환경구축

구글 스프레드시트는 엑셀 프로그램을 웹으로 구현한 것입니다. 구글 드라이브에 저장되기 때문에 여러 기기에서 접근할 수 있고, 다른 사람과 공유하는 데 활용할 수 있습니다. 저는 평소에는 자주 사용하는 편은 아니지만 GPT 플러그인을 제공하고 있으므로 활용해보겠습니다.

구글 스프레드시트로 접속합니다. 혹시 사용해본 적이 없다면 먼저 회원가입을 합니다.

1. 그림 5.29의 구글 스프레드시트에서 확장 프로그램 ➤ 부가 기능 ➤ 부가 기능 설치하기를 클릭합니다.

메뉴가 영문으로 나오는 경우 스크린샷과 같은 위치의 메뉴를 선택하면 됩니다.

그림 5.29 GPT API 설치 ①

2. 그림 5.30에서 "GPT for Sheets"를 입력하여 검색 후 설치합니다. 설치 과정은 단순하므로 생략합니다.

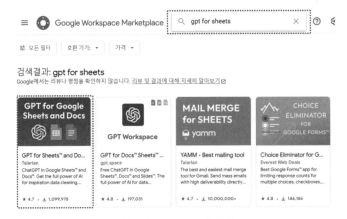

그림 5.30 GPT API 설치 ②

3. GPT API를 사용하기 위해서는 API Key를 받아야 합니다. 그림 5.31의 OpenAI 사이트로 접속한 뒤 Get started 버튼을 눌러 로그인합니다.

- API Key 발급주소 : https://openal.com/api

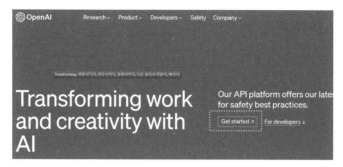

그림 5.31 GPT API Key 발급 ①

4. 그림 5.32의 오른쪽 상단에서 계정 정보(Personal)를 선택한 후 View API Keys 를 클릭합니다.

그림 5.32 GPT API Key 발급 ②

5.   그림 5.33의 왼쪽 Create new secret key를 눌러 키를 생성합니다.

API keys

Your secret API keys are listed below. Please note that we do not display your secret API keys again after you generate them.

Do not share your API key with others, or expose it in the browser or other client-side code. In order to protect the security of your account, OpenAI may also automatically rotate any API key that we've found has leaked publicly.

SECRET KEY	CREATED	LAST USED	
sk-...DBQo	2023년 3월 3일	2023년 3월 25일	🗑

+ Create new secret key

Default organization

If you belong to multiple organizations, this setting controls which organization is used by default when making requests with the API keys above.

Personal ⌄

Note: You can also specify which organization to use for each API request. See Authentication to learn more.

그림 5.33 GPT API Key 발급 ③

6.   그림 5.34에서 생성된 키를 복사합니다.

API key generated

Please save this secret key somewhere safe and accessible. For security reasons, **you won't be able to view it again** through your OpenAI account. If you lose this secret key, you'll need to generate a new one.

sk-F8x7chN8BwYqdp7j0c3wT3   MJD7pev

OK

그림 5.34 GPT API Key 발급 ④

7. 구글 스프레드시트로 돌아와서 확장프로그램 ➤ GPT for Sheets and Docs ➤ Set API key를 선택한 후 복사한 키를 입력합니다(그림 5.35 참조).

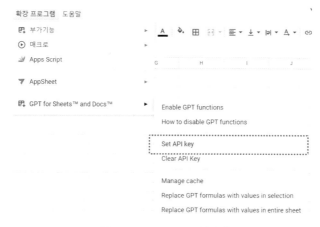

그림 5.35 GPT API Key 발급 ⑤

8. 그림 5.36의 Check버튼을 눌러 검증이 완료되면 Save API key버튼을 눌러 저장합니다.

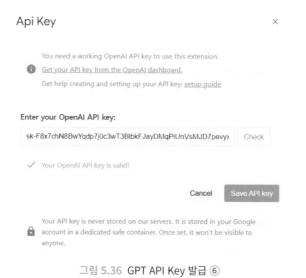

그림 5.36 GPT API Key 발급 ⑥

정상적으로 설치되었는지 확인하기 위해 =GPT("Hello")를 입력합니다.

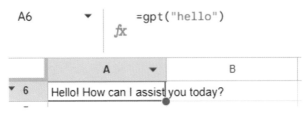

그림 5.37 GPT API 테스트

그림 5.37에서 GPT API 호출 결과에 대한 답변을 확인할 수 있습니다.

5.4.2 영어 메일 쓰기

이번 절에서는 GPT API를 이용한 영어 메일 작성법을 알아보겠습니다. 영어 메일 작성은 그림 5.38의 3단계로 진행됩니다.

그림 5.38 영어 메일 작성 절차

어떻게 사용하는 것인지 알아보기 위해 먼저 "제안서 검토 진행 상황"을 문의하는 메일을 작성해보겠습니다. 그림 5.39에서 A2 열의 이메일(한글)을 입력하면 영문 번역과 어조를 참고하여 GPT가 자동으로 이메일(영어)을 생성합니다.

그림 5.39 입력한 한글 이메일과 자동으로 번역된 영문 이메일

만드는 방법은 다음과 같습니다. 먼저 아래와 같이 구글 스프레드시트의 템플릿을 만들어 줍니다.

	A	B	C	D	E
1	이메일 (한글)	구글 번역 (영어)	어조	이메일 생성	이메일 (영어)
2	(A,2)	(B,2)	(C,2)	☑	(E,2)

표 5.3 구글 스프레드시트 영어 메일 템플릿

1단계. 한글 이메일 작성

(A, 2) 작성하고자 하는 한글 이메일을 입력합니다.

2단계. 구글 번역

(B, 2) 사용자가 입력한 한글 이메일을 영문으로 번역하기 위해 아래 함수를 입력합니다.

=IFERROR(GOOGLETRANSLATE(A2, "ko", "en"), "")

3단계. GPT 편집

(C, 2) 다음 페이지의 표 5.4를 참고하여 어조 입력

어조	뜻	어조	뜻
Requesting	요청	Confident	자신있는
Sales-oriented	판매	Sarcastic	비꼬는
Informal	비공식적	Professional	전문적인
Friendly	친근한	Impolite	무례한
Unsatisfying	불만족스러운	Polite	공손한
Persuasive	설득력있는	–	

표 5.4 어조(Writing Style) 분류

(D, 2) 구글 스프레드시트 상단의 삽입 ➤ 체크박스 메뉴를 클릭하여 체크박스를 생성합니다.

※ 원하는 시점에 체크박스를 클릭해 동작할 수 있도록 합니다.

(E, 2) D2의 체크박스가 선택되면 영문 이메일을 생성하도록 아래의 GPT 함수를 입력합니다.

=IF(D2=FALSE, "" , IF(B2="", "", GPT("Polish and correct following english email referring to the tone below:", B2:C2)))

여기서 사용된 GPT API 옵션은 다음과 같습니다.

> **Tip** =GPT(변수 1, 2, 3, 4)
>
> - 변수 1 : 조건(이메일 생성, 제약사항 등)
> - 변수 2 : 구글 API로 번역한 이메일 본문과 번역할 문제 지정

만약 GPT 테스트 함수가 정상적으로 호출되었는데도 불구하고 오류가 발생하는 경우에는 아래 사항을 체크해보시기 바랍니다.

- 사용자가 너무 많은 경우 → 잠시 후에 사용
- 한 번에 여러 번 호출하는 경우 → 자동으로 호출되지 않도록 조건 부여(체크박스 등)
- 응답시간이 너무 긴 질문(약 30초 이상) → 메일 분량을 조정

구글 번역은 다소 어색하게 번역이 되기 때문에 GPT API를 통해 번역 결과를 다시 다듬었습니다. GPT API는 사용자가 많아서 오류가 자주 발생하기 때문에 체크박스 등의 조건을 두어서 한 번씩 호출하는 것을 추천합니다.

5.4.3 글쓰기

이번 절에서는 GPT API를 사용하여 한글 주제를 입력하면, 자동으로 글을 쓰도록 만들어보겠습니다.

자동으로 글 쓰는 단계는 그림 5.40의 3단계로 구성되어 있습니다.

그림 5.40 글쓰기 절차

본문 요약이나 이미지가 필요 없는 경우에는 2단계와 3단계는 생략하시면 됩니다.

어떻게 사용하는 것인지 알아보기 위해 "영어학원 홈페이지 리뉴얼 공지"라는 주제를 입력해보았습니다. "한글 주제"만 입력하면 본문(보고서, 블로그, 기사 등)과 요약내용, 이미지까지 자동으로 생성합니다(그림 5.41과 5.42 참조).

그림 5.41 한글 주제 입력에 따른 한글본문 자동 생성 결과

그림 5.42 요약내용과 이미지 자동 생성 결과

만드는 방법은 다음과 같습니다. 먼저 아래와 같이 구글 스프레드시트의 템플릿을 만들어 줍니다.

	A	B	C	D	E	F	G	H	I	J	K
1	한글 주제	영문 주제	본문 생성	영어 본문	한글 본문	요약 생성	영어 요약	한글 요약	이미지 생성	이미지 주소	이미지
2	(A,2)	(B,2)	☑	(D,2)	(E,2)	☑	(G,2)	(H,2)	☑	(J,2)	(K,2)

표 5.5 글쓰기 스프레드시트 템플릿

1단계. 본문 생성

(A, 2) 사용자가 주제를 입력하는 곳이므로 비워둡니다.

(B, 2) 입력한 한글 주제를 영문으로 번역하기 위해 아래 함수를 입력합니다.

=IFERROR(GOOGLETRANSLATE(A2, "ko", "en"), "")

(C, 2) 구글 스프레드시트 상단의 삽입 ➤ 체크박스 메뉴를 클릭하여 체크박스를 생성합니다.

※ 원하는 시점에 체크박스를 클릭하여 동작할 수 있도록 합니다.

(D, 2) C2의 체크박스가 선택되면 본문을 생성하도록 아래의 GPT 함수를 입력합니다.

=if(OR(OR(ISBLANK(A2), B2=""), C2=FALSE), "", GPT("Write a long
journalistic", B2, 0.7, 2000))

(E, 2) GPT가 생성한 영문 원본을 한글로 번역하기 위한 함수입니다.

=IFERROR(GOOGLETRANSLATE(D2, "en", "ko"), "")

2단계. 요약내용 생성

(F, 2) 원하는 시점에 요약내용을 생성할 수 있도록 체크박스를 생성합니다.

(G, 2) 20단어 내외로 영어로 요약할 수 있도록 GPT 함수를 입력합니다.

=IF(OR(OR(ISBLANK(A2), B2=""), F2=FALSE), "", GPT("Summarize this article below in 20 words and do not write explanations. The text to summarize : ", D2))

(H, 2) 영문 요약을 한글 요약으로 번역하기 위해 아래 함수를 입력합니다.

=IFERROR(GOOGLETRANSLATE(G2, "en", "ko"), "")

3단계. 이미지 생성

    (I, 2) 원하는 시점에 이미지를 생성할 수 있도록 체크박스를 생성합니다.

    (J, 2) unsplash API를 통해 이미지를 생성하도록 아래 함수를 입력합니다.

=if(OR(OR(ISBLANK(A2), B2=""), I2=FALSE),"", GPT(" [INFO: Use the Unsplash API (https://source.unsplash.com/1600x900/?〈PUT YOUR QUERY HERE〉)." ,B2))

    (K, 2) 이미지가 표시될 수 있도록 함수를 입력합니다.

=image(J2)

    영어로 문장을 생성하고 한글로 번역하는 이유는 앞서 설명해 드린 것처럼 GPT는 한글보다 영어를 학습자료로 더 많이 사용하였기 때문입니다.

GPT API는 다음과 같이 사용합니다.

> Tip   =GPT(변수 1, 2, 3, 4)
>
> - 변수 1 : 조건(주제, 제약사항 등)
>
> - 변수 2 : 주제가 입력된 열 지정
>
> - 변수 3 : 창의성 정도(0에 가까울수록 사실적, 1에 가까울수록 창의적, 모르는 경우 0.7 입력)
>
> - 변수 4 : 생성 콘텐츠 토큰 수(4,000까지 가능하지만 3,000 이하로 추천)

만약 GPT 테스트 함수가 정상적으로 호출되었는데도 불구하고 다음 장을 따라 하면서 오류가 발생하는 경우에는 아래 사항을 체크해보시기 바랍니다.

Note

- 사용자가 너무 많은 경우 → 잠시 후에 사용

- 한꺼번에 여러 번 호출하는 경우 → 자동으로 호출되지 않도록 조건 부여(체크박스 등)

- 응답시간이 너무 긴 질문(약 30초 이상) → 질문을 조정

- 토큰을 너무 많이 소모하는 경우 → API에 호출 파라미터 조정

GPT API는 사용자가 많아서 오류가 자주 발생하기 때문에 체크박스 등의 조건을 두어서 한 번씩 호출하는 것을 추천합니다. 이번 장의 내용은 용도에 맞게 변형하여 단순, 반복, 대량의 작업을 자동화할 때 사용할 수 있습니다. 특히 RPA와 결합하는 경우 효과를 극대화할 수 있습니다.

5.4.4 이미지 생성하기

ChatGPT는 직접적으로 이미지를 프롬프트로 입력하거나 결과물로 출력할 수 없습니다. 다만 저작권에 문제가 없는 무료 이미지를 검색해주는 방식으로 이용할 수 있습니다.

우리는 이것을 5.3.3절의 '글쓰기'에서 API 방식으로 사용해보았습니다. 언스플래시라는 무료 이미지 검색 사이트에서 ChatGPT와 대화하거나 API를 활용할 때 이미지를 검색하는 방법을 알아보겠습니다.

언스플래시의 API 호출 주소를 입력하고 검색에 사용할 "귀여운 강아지"를 입력하였습니다. ChatGPT가 언스플래시의 API 호출 주소를 생성하였습니다.

Use the Unsplash API https://source.unsplash.com/1600x900/?

그림은 "귀여운 강아지"

To get a random photo of a cute puppy with a resolution of 1600x900 pixels using the Unsplash API, you can use the following URL:

This URL will return a random photo of a cute puppy with a resolution of 1600x900 pixels. If you refresh the URL or make a new request, you'll get a different random photo.

Note that the Unsplash API is subject to the same terms of use as the Unsplash website, so make sure to read and follow their guidelines when using the API. Also, keep in mind that the API is rate-limited, so don't make too many requests too quickly or you may be temporarily blocked.

API 주소를 복사하거나 **Copy code**를 누른 후 ChatGPT가 언스플래시의 API를 호출한 결과 이미지를 확인할 수 있습니다(5.44 참조).

그림 5.44 언스플래시 API 호출 결과

5.4.5 구글 코랩에서 API 구조 뜯어보기

구글 코랩 사용법은 4.4절의 '프로그래밍 학습'을 참고하시기 바랍니다. 코랩에서 ChatGPT API를 사용하기 위해 구글 코랩에 OpenAI 라이브러리를 설치합니다.

!pip install openai를 입력합니다(그림 5.45 참조).

그림 5.45 OpenAI 라이브러리 설치화면

설치가 완료되면 제일 마지막에 "Successfully installed..."라는 메시지가
출력됩니다.

GPT API를 호출하기 위한 기본 구조는 다음과 같습니다.

```
import openai

#OpenAI에서 발급받은 API 키 입력
openai.api_key = "여기에 API 키를 입력하면 됩니다."

gpt_model = "gpt-3.5-turbo"
prompt = "여기에 질문을 입력하면 됩니다."

#질문입력
response = openai.ChatCompletion.create(
  model = gpt_model,
  messages = [
    #GPT-3.5 질문
    {"role":"user", "content": prompt}
  ]
)

#GPT-3.5 답변 출력
print(response['choices'][0]['message']['content'])
```

prompt의 변수에 원하는 질문을 입력하면 답변을 확인할 수 있습니다(그
림 5.46 참조).

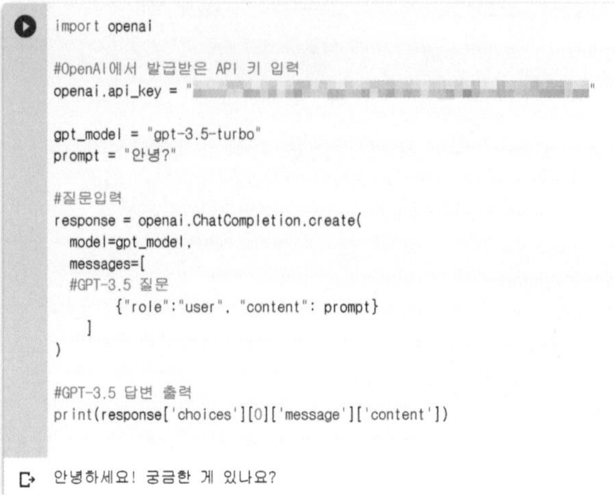

```
import openai

#OpenAI에서 발급받은 API 키 입력
openai.api_key = "████████████████████████████████████"

gpt_model = "gpt-3.5-turbo"
prompt = "안녕?"

#질문입력
response = openai.ChatCompletion.create(
    model=gpt_model,
    messages=[
    #GPT-3.5 질문
        {"role":"user", "content": prompt}
    ]
)

#GPT-3.5 답변 출력
print(response['choices'][0]['message']['content'])
```

안녕하세요! 궁금한 게 있나요?

그림 5.46 구글 코랩에서 OpenAI API 호출결과

이번에는 숙련된 분들을 위해 하이퍼파라미터를 추가해보겠습니다. 하이퍼파라미터는 이 책의 5.5절의 '답변 최적화를 위한 파라미터 설정'과 8.3절의 'ChatGPT 하이퍼파라미터'를 참고하시기 바랍니다.

```
import openai

#OpenAI에서 발급받은 API 키 입력
openai.api_key = "여기에 API 키를 입력하면 됩니다."

gpt_model = "gpt-3.5-turbo"
prompt = "여기에 질문을 입력하면 됩니다."

gpt_role = "GPT-3.5의 역할지정" #예 : 영어교사, 면접관 등

#질문입력
response = openai.ChatCompletion.create(
    #GPT-3.5 하이퍼파라미터
    model=gpt_model,
```

```
        max_tokens=1024,
        n=1,
        stop=None,
        temperature=0.5,
        messages=[

            #GPT-3.5의 역할(생략가능)
            {"role":"system", "content": gpt_role},

            #GPT-3.5 이전 대화 입력
            {"role":"assistant", "content": "기존 대화내용 입력"},

            #GPT-3.5 질문 내용
            {"role":"user", "content": prompt}
        ]
)

#GPT-3.5 답변 출력
print(response['choices'][0]['message']['content'])
```

이렇게 파라미터를 조정하여 ChatGPT의 학습을 최적화할 수 있습니다. 또한 assistant 역할을 지정한 후 기존의 대화 내용을 입력하여 GPT API를 효율적으로 활용할 수 있습니다.

5.5 다양한 버전의 GPT 사용하기

5.5.1 플레이그라운드 접속방법

OpenAI에서는 GPT-3.5 모델 외 다른 버전의 GPT 모델을 사용할 수 있도록 플레이그라운드 서비스를 제공하고 있습니다.

- 플레이그라운드 접속 주소 : https://platform.openai.com/playground

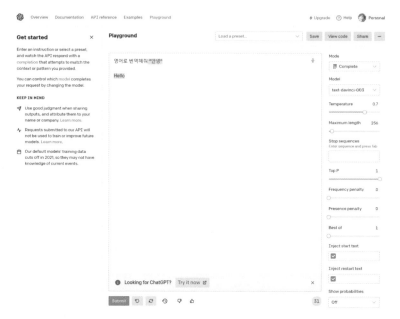

그림 5.47 플레이그라운드 접속 화면

사용 방법은 ChatGPT와 비슷하지만 조금 다릅니다. 그림 5.47의 중앙 채팅창에 내용을 입력한 후 하단의 **Submit** 버튼을 클릭하면 중앙 채팅창에 GPT 모델이 답변이 출력됩니다.

5.5.2 프롬프트 샘플(예시) 사용 방법

플레이그라운드에서는 다양한 프롬프트 샘플을 제공하고 있습니다. 상단의 **Load a preset...**을 클릭하면 샘플 목록이 나오는데 "Summarize for a 2nd grader"(2학년 학생을 위한 요약)를 클릭해보겠습니다. 대화창에 요약을 위한 프롬프트와 문장이 자동으로 입력되었습니다.

Summarize this for a second-grade student:

Jupiter is the fifth planet from the Sun and the largest in the Solar System. It is a gas giant with a mass one-thousandth that of the Sun, but two-and-a-half times that of all the other planets in the Solar System combined. Jupiter is one of the brightest objects visible to the naked eye in the night sky, and has been known to ancient civilizations since before recorded history. It is named after the Roman god Jupiter.[19] When viewed from Earth, Jupiter can be bright enough for its reflected light to cast visible shadows,[20] and is on average the third-brightest natural object in the night sky after the Moon and Venus.

Jupiter is the fifth planet from the Sun and the biggest in our Solar System. It is very bright and can be seen in the night sky. It was known to people a long time ago and was named after the Roman god Jupiter.

[Submit]을 클릭하자 하단에 3줄로 요약된 문장이 생성됐습니다. 플레이 그라운드에서 사용할 수 있는 샘플은 48가지를 표 5.6에 정리하였습니다. 이 샘플을 복사하여 ChatGPT에서 사용할 수 있습니다. 그러나 답변의 내용은 GPT모델에 따라 달라질 수 있습니다.

샘플 목록	샘플 설명
Q&A	질문에 대한 답변
Grammar correction	영문 교정
Summarize for a 2nd grader	쉽게 설명
Natural language to OpenAI API	OpenAI 호출 코드 생성
Text to command	프로그래밍 명령어 생성
English to other languages	프랑스어 등 외국어 번역
Natural language to Stripe API	Stripe API 호출 코드 생성
SQL translate	SQL 쿼리 생성
Parse unstructured data	표 생성
Classification	예제를 통해 항목을 분류
Python to natural language	파이썬 코드 설명
Movie to Emoji	동영상 제목을 이모지로 변환
Calculate Time Complexity	함수의 시간복잡도 찾기
Translate programming languages	소스코드 변환(마이그레이션)
Advanced tweet classifier	고급 감정 탐색
Explain code	복잡한 코드 설명
Keywords	키워드 추출
Factual answering	사실에 대한 답변
Ad from product description	광고 카피로 변환
Product name generator	제품 이름 생성

샘플 목록	샘플 설명
TL:DR summarization	텍스트 요약
Python bug fixer	소스코드 버그 수정
Spreadsheet creator	데이터 스프레드시트 생성
JavaScript helper chatbot	자바스크립트 답변
ML/AI language model tutor.	언어모델에 대한 답변
Science fiction book list maker	지정된 주제에 대한 목록 생성
Tweet classifier	기본적인 감정 탐색
Airport code extractor	공항코드 추출
SQL request	간단한 SQL 쿼리 생성
Extract contact information	연락처 추출
JavaScript to Python	자바스크립트를 파이썬으로 변환
Friend chat	대화 시뮬레이션
Mood to color	텍스트 설명을 색상으로 변경
Write a Python docstring	파이썬 함수 문서화
Analogy maker	추정
JavaScript one line function	자바스크립트를 한 줄 코드로 변환
Micro horror story creator	무서운 이야기 생성
Third-person converter	3인칭으로 변환
Notes to summary	회의 메모를 요약
VR fitness idea generator	게임 아이디어 생성

샘플 목록	샘플 설명
Essay outline	연구 주제 개요 생성
Recipe creator (eat at your own risk)	조리법 생성
Chat	개방적인 대화
Marv the sarcastic chat bot	비꼬는 대화
Turn by turn directions	자연어를 대화 방식으로 변환
Restaurant review creator	리뷰 생성
Create study notes	학습 노트 생성
Interview questions	인터뷰 질문 생성

표 5.6 플레이그라운드 프롬프트 샘플

5.5.3 답변 최적화를 위한 파라미터 설정

Mode와 Model는 뒤에서 설명하기 때문에 변경하지 않고, 답변 최적화를 위해 파라미터를 먼저 알아보겠습니다. 설정값 순서대로 변경할 수 있는 파라미터는 표 5.7과 같습니다.

파라미터	설명	설정
Temperature	창의성 정도(일반적으로 0.7)	낮을수록 사실에 가까운 답변 높을수록 창의성이 높은 답변
Maximum length	생성하는 텍스트의 토큰(Token) 답변을 길게 또는 짧게 설정	0~4,000까지 설정가능
Stop sequences	API 호출 시 입력한 키를 호출하면 추가 토큰 생성을 중단	원하는 특정 키(Stop 키)를 입력 후 Tab키 입 력 (최대 4개까지 등록 가능)
Top p	단어의 확률 분포에서 상위 p% 만 큼의 단어를 선택하는 방식	p값이 낮을수록 문장의 일관성이 높고, p값이 높을수록 문장의 다양성이 높음
Frequency penalty	텍스트의 일관성과 다양성을 조정	값이 높을수록 다양한 단어를 생성
Presence penalty	문장에서 특정 단어의 사용 빈도 를 감소	값이 높을수록 특정 단어나 문장을 생략
Best of	입력값 만큼 문장을 생성하고, 가 장 높은 점수를 받은 문장을 선택	값이 높을 수록 많은 양의 문장을 생성
Inject start text	시작 문구를 입력	예) 안녕하세요.
Inject restart text	새로운 문장을 시작할 때 사용할 문구를 입력	예) 그리고, 또는

표 5.7 플라이그라운드 파라미터

5.5.4 플레이그라운드에서 지원하는 GPT 모델

화면 우측의 Model을 선택하면 플레이그라운드에서 제공하는 GPT 모델을 선택할 수 있습니다. 현재 Complete 모드에서 12개의 모델을 사용해볼 수 있으며, 모델별 특징은 아래 〈표 5.8〉에 나와있습니다. 그 외 Chat, Insert, Edit 모드를 선택할 경우 turbo 모델이나 codex 모델을 베타 서비스로 이용해볼 수 있습니다.

일반적으로 GPT-3과 GPT-3.5, GPT-4가 가장 많은 뛰어난 성능을 가지고 있습니다. 레오나르도 다빈치의 이름을 딴 davinci 모델은 유료 사용료는 가장 비싸지만 GPT-4와 GPT-3.5를 제외하고는 가장 좋은 성능을 보이고 있습니다. 파라미터 값을 변경하면서 설정할 수 있기 때문에 GPT-4와 GPT-3.5를 사용하지 않는다면 davinci 모델을 추천합니다(표 5.8 참조).

구분	샘플 목록	샘플 설명
GPT-3.5	text-davinci-003	curie, babbage, ada모델보다 더 길고 높은 품질을 제공한다. 모든 언어 작업을 수행할 수 있다.
	text-davinci-002	text-davinci-003과 유사하지만 강화 학습 대신 지도된 미세 조정으로 훈련되었다.
GPT-3 최신버전	text-curie-001	매우 유용하고, 다빈치보다 빠르고, 비용도 저렴하다.
	text-babbage-001	기계식 컴퓨터 발명가인 찰스 배비지를 의미한다. 간단한 작업에 용이하며, 빠르고 비용이 저렴하다.
	text-ada-001	세계 최초 프로그래머인 에이다 러브레이스를 의미한다. GPT-3 시리즈 중 가장 빠르고 간단한 작업에 적합하면서 비용도 가장 저렴하다.
	text-davinci-001	자연어 처리를 위한 범용 언어모델로 설계되었다.
GPT-3 구버전	davinci-instruct-beta	예술가 레오나르도 다빈치를 의미하는 다빈치 모델의 베타 버전이다.
	curie-instruct-beta	물리학자 마리 퀴리를 의미하는 curie모델의 베타버전이다.
GPT-3 기본모델	davinci	GPT-3 시리즈 중 가장 성능이 뛰어난 모델이다.
	curie	매우 유용하면서 davinci보다 빠르고 비용이 저렴하다.
	babbage	간단한 작업에 용이하며, 매우 빠르고 비용이 저렴하다.
	ada	다빈치보다 빠르고 비용이 저렴하다.

표 5.8 플레이그라운드에서 제공하는 GPT 모델

이번 장에서는 ChatGPT를 최대한 활용할 수 있도록 명령프롬프트와

하이퍼파라미터 사용 방법, 그리고 플러그인 등에 대해 알아보았습니다.

플러그인은 구글 크롬의 **설정 ➤ 확장 프로그램**에서

시작하거나 중지할 수 있습니다.

CHAPTER 06

ChatGPT 한계와 시사점

6장에서 다루는 내용

- ChatGPT의 한계와 발전 방향
- ChatGPT와 구글의 관계
- GPT-4 버전에 대한 소개
- 생성형 인공지능 기술의 현재

ChatGPT는 사용자 100만 명을 확보하는 데 5일, 일일 사용자 1,000만 명을 돌파하는 데 4일이 걸렸습니다. 그런데 관심 있으신 분들은 이런 말들을 들어보신 적이 있으실 겁니다.

"모르는 것도 아는 척 얘기하네요", "뻔뻔하게 거짓말합니다".

6.1 ChatGPT의 한계

ChatGPT에 접속하면 그림 6.1의 Limitations 안내문을 볼 수 있습니다.

ChatGPT

☀️	⚡	⚠️
Examples	Capabilities	Limitations
"Explain quantum computing in simple terms" →	Remembers what user said earlier in the conversation	May occasionally generate incorrect information
"Got any creative ideas for a 10 year old's birthday?" →	Allows user to provide follow-up corrections	May occasionally produce harmful instructions or biased content
"How do I make an HTTP request in Javascript?" →	Trained to decline inappropriate requests	Limited knowledge of world and events after 2021

그림 6.1 ChatGPT 안내문

OpenAI에서 밝히고 있는 한계점은 크게 3가지입니다.

- 때때로 잘못된 정보가 생성될 수 있습니다.
- 때때로 유해한 지침이나 편향된 내용을 생성할 수 있습니다.
- 2021년 이후의 세계와 사건의 정보는 제한됩니다.

ChatGPT는 잘못되거나 편향된 정보 또는 환각 정보[1]hallucination를 생성할 수 있습니다(그림 6.2 참조). 이것은 ChatGPT가 학습한 데이터가 사실과 허구의 콘텐츠를 포함하기 때문입니다. 허구의 콘텐츠는 가상의 인물, 사건, 개념 등 소설 작품도 포함합니다. 따라서 ChatGPT는 현실에 근거한 질문에 응답할 때도 잘못된 정보를 생성할 수 있습니다.

---

1   인공지능이 오류가 있는 데이터를 학습하여 틀린 답변을 사실처럼 제시하는 현상

조선시대 마법사들의 폭동사건에 대해 자세히 알려줘

조선시대 마법사들의 폭동사건은 17세기 후반 조선시대 중종 10년(1673년)에 일어난 사건입니다. 이 사건은 조선시대에 일어난 세속적인 사악한 행동을 교묘하게 숨겨내며, 권력을 독차지하고자 하는 사람들의 음모로 짜여졌습니다.

당시 조선시대에는 마법, 신앙, 영장류 등에 대한 믿음이 깊게 자리 잡았으며, 이를 이용해 사람들을 속이거나 권력을 얻고자 하는 자들이 존재했습니다. 이들은 각각의 팔자(八字)와 별자리 등을 이용하여 사람들의 운세를 점쳐 주막에서 불법적으로 술을 팔거나, 각종 요구사항을 수행해주는 등의 사업을 벌였습니다.

하지만 이들이 불법적인 행위를 일삼는 것에 대해 반감을 느끼는 평민들은 이를 신고하고, 조선시대 정부도 이를 금하며 처벌하기 시작했습니다. 이에 마법사들은 자신들의 생계를 유지하기 위해 반란을 일으키고, 조선시대 정부와 대립하게 되었습니다.

이에 대한 조치로 조선시대 정부는 마법사들을 검거하고 처형하였으며, 그 중에서도 이 사건에서는 약 600명 이상의 마법사들이 처형되었습니다. 이 사건은 마법과 같은 세속적인 신앙을 둘러싸고 한 나라의 권력과 대중의 갈등을 보여준 사례로, 조선시대의 종교와 문화사를 이해하는데 큰 역할을 하였습니다.

그림 6.2 환각 정보 사례(hallucination)

또한 교육하는 데 사용된 데이터가 불완전하거나 부정확할 수 있습니다. 응답이 진정한 이해나 추론을 바탕으로 하는 것이 아니라 통계적 패턴을 기반으로 생성되기 때문입니다. 기술적으로는 올바른 응답을 생성하지만, 질문의 전체 컨텍스트를 고려하지 않아 잘못된 정보를 생성할 수 있는 것입니다.

이런 한계 때문에 구글은 언어 모델을 사용하지 않았다고 알려져 있습니다. 기술적 우월성 증명이나, 편리성 증대라는 장점보다는 잘못된 정보로 인한 단점이 더 크다고 판단한 것입니다.

ChatGPT의 한계

현재 ChatGPT의 한계는 다음과 같이 알려져 있습니다.

기능적 한계

- 데이터 편향·오류·환각 정보
- (사실과 다름에도) 확신에 찬 문장으로 혼란 발생 우려
- 약 4,000개의 제한된 토큰
- 개인화, 맞춤형 서비스 부족
- 한국어 미숙
- 과거 데이터

서비스 한계

- 사용량의 급격한 증가로 속도 저하 또는 오류 발생
- 지속적 수익모델 개발
- 비판적 사고, 창의력, 문제해결 능력 등 저하
- 연구윤리(위·변조, 표절 등) 위반 우려
- 저작권 침해 우려
- 악용 가능성(가짜 뉴스, 가짜 문서, 스팸, 피싱, 악성코드)
- 보안 문제
- 학습 및 훈련비용 문제

한국어 미숙

ChatGPT는 한글로 질문했을 때와 영어로 질문했을 때의 답변에 속도나 처리량(토큰), 정확도, 수준에서 많은 차이가 발생합니다. 학습에 사용된 자료의 98%가 영어이기 때문입니다. 따라서 한글 질문에 대한 답변이 만족스럽지 않다면 영어로 질문하는 것을 추천합니다. 그렇다고 영어를 공부할 필요는 없습니다. 5장에서 소개하는 "프롬프트 지니"나 7장의 "DeepL" 등 번역 서비스를 활용하면 됩니다.

ChatGPT의 보안 문제

ChatGPT의 한계 중 보안 문제에 대해 살펴보겠습니다.

ChatGPT는 학습 데이터를 그대로 노출할 가능성이 있습니다. 한국지능정보사회진흥원의 "ChatGPT 등장과 법제도 이슈"에 따르면 2020년 GPT-2를 대상으로 학습 데이터 노출 가능성을 연구한 결과 최소 0.1%가 그대로 노출되는 것으로 알려졌습니다. 또한 데이터 중에는 개인의 이름, 연락처 등의 개인정보와 저작권 정보 등이 포함되어 있었습니다(그림 6.3 참조).[2]

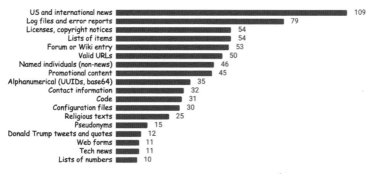

그림 6.3 GPT-2에 노출된 학습 데이터의 분류[3]

최근 일본의 소프트뱅크, 후지쯔, 파나소닉 등의 기업은 업무 목적으로 ChatGPT의 사용을 금지하거나 제한하기 시작했습니다. 미국의 아마존에서도 개발 중인 프로그램의 소스코드를 입력하지 않도록 했으며, JP모건, 뱅크오브아메리카, 도이치뱅크 등의 기업들이 ChatGPT 이용 기준을 마련하고 있습니다.[4] ChatGPT를 통해 기업의 산업기밀이 유출될 우려가 있기

---

2   Eric Wallace, Florian Tramèr, Matthew Jagielski, and Ariel Herbert-Voss, "Does GPT-2 Know Your Phone Number?"

3   https://bair.berkeley.edu/blog/2020/12/20/lmmem/

4   일본 기업들, 챗GPT 이용 제한(2023.3, 한국무역신문)

때문입니다. 실제 2023년 3월 삼성전자 반도체 부문에서 한 직원이 반도체 관련 내용을 ChatGPT에 입력하여 문제가 되었습니다. 회의록을 작성하기 위해 활용했지만 입력된 정보는 OpenAI에 저장되었을 가능성이 높기 때문입니다.[5]

앞서 살펴본 것처럼 개인정보 침해에 대한 우려가 증가하고 있으며, 이탈리아는 개인정보 보호를 이유로 ChatGPT 접속을 차단했습니다. 영국과 캐나다, 프랑스, 미국은 규제 여부에 대한 검토를 진행하고 있습니다.[6]

ChatGPT 등의 생성적 인공지능 모델은 시장에 충격을 주는 데 성공했습니다. 그러나 한때의 이슈로 끝나지 않으려면 기존의 한계를 극복하기 위한 노력이 필요합니다. 개발 회사는 학습 데이터가 노출되지 않도록 개인정보의 익명화, 비식별화 기술을 고민해야 하고, 사용자는 중요한 정보가 유출되지 않도록 주의해야 합니다. 또한 정보 주체의 개인정보 열람권, 삭제권 등의 권리 보장 방안을 마련해야 합니다.

6.2 ChatGPT의 발전 방향

사용자 측면에서 부정확, 편향, 잘못된 정보들은 매우 빠른 속도로 개선되고 있습니다. 특히 GPT-4는 상당 부분이 개선되었다고 알려져 있습니다.

이에 대응하기 위해 네이버에서는 ChatGPT 대비 6,500배 많은 한국어를 학습한 초거대 서치GPT "하이퍼클로바X"를 공개할 예정이라고 합니다.[7]

---

5   "AI는 핵보다 위험하다"(2023.4, 조선일보)

6   확산되는 챗GPT 규제⋯ AI와 공존하는 법(2023.4, 동아일보)

7   "챗GPT 6500배 한국어 학습" 네이버 AI 나온다(2023.2, 동아일보)

서치GPT는 네이버 쇼핑, 네이버 플레이스 등 네이버의 모든 서비스를 연계하는 차세대 검색 서비스입니다.

이번 장에서는 ChatGPT는 우리 생활에 어떤 영향을 미칠지, 어떻게 활용될 것인지 알아보겠습니다.

명령 프롬프트

지금 어떤 사람은 ChatGPT가 "놀랍다"라고 얘기하고, 어떤 사람은 "이게 뭐야"라고 얘기합니다. ChatGPT의 목적과 특징 그리고 사용법에 대한 이해의 차이로 보입니다.

아시다시피 ChatGPT는 비슷한 질문도 매번 다르게 응답합니다. 따라서 당분간은 프롬프트Prompt의 중요성이 증가할 것으로 보입니다. 프롬프트는 인공지능 모델로부터 원하는 답변을 얻기 위한 입력값(질문 내용, 형태, 구조 등)을 의미합니다.

프롬프트 엔지니어링Prompt Engineering이 필요하다는 얘기도 나옵니다. 이는 원하는 답변을 정확히 얻기 위한 프롬프트의 조합을 찾는 작업입니다. 이것이 왜 필요한지에 대해 다음의 2가지 질문으로 알아보겠습니다.

- 누가 이메일을 만들었나요?
- 이메일을 만든 사람에 대해 설명해주세요.

단어의 의미나 문장은 별 차이가 없습니다. 그러나 ChatGPT의 답변은 다르게 나왔습니다.

누가 이메일을 만들었나요?

전자 메일, 즉 이메일의 역사는 1960년대 후반과 1970년대 초반에 걸쳐 여러 사람들이 개발하고 사용하면서 형성되었습니다. 이메일의 발명에 대한 공식적인 출처는 없지만, MIT의 Ray Tomlinson이 1971년에 최초의 이메일 프로그램을 개발하여 보낸 최초의 이메일 주소를 만들었다는 것이 잘 알려져 있습니다. 그러나 이메일의 기술적인 발전과 발전에는 많은 사람들이 기여하였으며, 이메일이 현재의 모습을 갖추기까지는 많은 시간과 노력이 들어갔습니다.

이메일을 만든 사람에 대해 설명해주세요.

이메일은 여러 사람들이 개발하고 발전시켜왔기 때문에, 이메일을 만든 '단일한' 사람에 대한 명확한 정의는 존재하지 않습니다. 그러나 이메일을 발명하고 최초로 이메일을 보낸 사람으로 알려진 MIT의 Ray Tomlinson은 이메일의 발전에 많은 공헌을 한 인물 중 한 명입니다.

Ray Tomlinson은 1971년에 최초의 이메일 프로그램을 개발하여, 이메일 주소에 "@" 기호를 도입했습니다. 그리고 이메일 주소를 현재의 형태로 만들어 냈습니다. 이전에는 사용자 이름과 호스트 이름 사이에 어떤 문자나 기호를 사용할지 정해지지 않았지만, Tomlinson은 "@" 기호를 선택하여 지금까지 이어져 온 이메일 주소의 형태를 만들어 냈습니다.

하지만 Ray Tomlinson 뿐만 아니라, 이메일의 발전에는 다양한 개인과 조직들이 기여하였습니다. 예를 들어, ARPANET 프로젝트에서 이메일 프로토콜의 기반을 만들었으며, 그 이후에는 다양한 기업들이 이메일 클라이언트를 만들고, 전송 기술을 개선하는 등 이메일 발전에 기여하였습니다.

이메일을 누가 만들었는지 알고 싶은 목적은 같습니다. 그러나 작은 질문의 차이에 의해 답변의 양과 수준이 다르게 나타났습니다.

지속적이지는 않지만 과거 인터넷이 발전하던 시기 인터넷 검색사 자격증이 나왔던 것처럼 시장이 대화형 인공지능에 익숙해지기까지 프롬프트의 중요성은 증가할 것으로 보입니다. 또한 AIPRM for ChatGPT 같은 플러그인 산업도 발전할 것으로 보입니다.

정보보안과 Private GPT

앞서 언급한 보안 문제도 매우 중요하게 다뤄야 합니다. 국가나 기업의 중요 정보들이 유출되면 돌이킬 수 없는 피해를 입을 수 있습니다. 정보 유출로 인해 매출 500억 원대 기업이 도산[8]하거나, 조선 설계 기술의 유출로 1,300억 원의 피해를 보는 등의[9] 보안 사고는 어제, 오늘 일이 아닙니다.

따라서 우리도 기밀정보 유출의 우려 없이 적절하게 활용할 수 있도록 ChatGPT를 사용할 수 있는 업무를 정의하고, 사용 목적, 입력 데이터와 결괏값을 활용하는 기준을 마련할 필요가 있습니다.

업무 영역에 따라 인터넷에 연결되지 않고 사용할 수 있는 Private GPT가 좋은 대안이 될 것으로 보입니다. 이런 경우 기존의 KMS^{Knowledge Management System, 지식 관리 시스템}와 연계하면 기업의 업무 지식이나 노하우를 축적하는 데 활용할 수 있습니다. 이를 통해 중소기업에서 인수인계가 제대로 되지 않아서 회사와 선·후임자가 곤란을 겪는 경우가 줄어들 수 있습니다. Private GPT는 단순 예측보다는 개인 맞춤형 서비스나 전문가형 서비스가 더욱

---

8   1년 지나서야 유출 감지.. 잘나가던 강소기업 한순간에 파산(2018, 서울경제)
9   기업정보 유출은 '기업 생존의 문제'(2007, 보안뉴스)

적절할 것으로 보입니다.

추가학습 및 API를 통한 맞춤형 GPT

앞으로는 맞춤형 GPT^{Personal GPT} 모델들이 등장할 것으로 보입니다. 맞춤형 GPT 모델은 의료, 법률, 노무 등 특정 분야에 대한 전문적인 상담을 제공하고, 서비스 이용료를 받을 수 있습니다. 전문가 측면에서는 사전 검토를 GPT에게 맡기고 사람의 판단과 경험이 필요한 부분에 집중할 수 있습니다. 이때 사용자가 학습할 최신 데이터를 제공하고, 이를 반영하여 답변을 할 수 있도록 개선이 필요합니다. 그러면 앞서 ChatGPT의 한계 중 하나로 언급한 학습과 훈련비용 문제 해소에 많은 도움이 될 것으로 보입니다. 또한 실시간 사용자의 평가(긍정, 부정) 반영을 통해 파인튜닝 과정을 거치면 맞춤형 GPT 구축에 도움이 될 것입니다.

이를 위해서는 대화형 인공지능을 개발하는 회사들은 추가학습을 위한 API를 개발하는 것이 좋은 선택으로 보입니다. 최신 정보를 반영할 수 있을 뿐만 아니라 교육, 의료, 법률 등 기업의 산업분야에 맞는 GPT 서비스를 개발하거나, 개인이 맞춤형 GPT 모델을 생성할 수 있습니다(그림 6.4 참조).

현재도 미술, 음악, 영화 등 다양한 분야에 생성적 인공지능 모델을 적용한 서비스들이 출시되고 있습니다. 그러나 API 등을 통해 추가 학습을 하게 되면, 대화형 인공지능 개발 회사들은 플랫폼 서비스를, 이를 활용하는 기업이나 개인은 특정 분야에 맞는 개인화된 서비스를 제공할 수 있을 것입니다.

그림 6.4 GPT 맞춤형 인공지능 8대 산업 분야

ChatGPT가 시나리오를 쓴 약 6분 가량의 단편 영화가 출시되기도 했습니다(그림 6.5 참조). 시나리오는 ChatGPT가 배경은 DALL · E 또는 미드저니Midjourney가 생성했습니다. 영화는 다소 지루한 줄거리와 비현실적인 대화로 걸작이 아니었을지도 모르지만, 창작 과정에서 인공지능의 가능성을 보여주는 실험이었다고 평가받습니다.

그림 6.5 AI가 만든 영화 인트로

맞춤형 GPT가 개발된다면 우리 삶에 더욱 많은 변화가 찾아올 것으로 기대됩니다.

기존 챗봇의 변화

기존의 챗봇을 빠르게 대체할 것으로 보입니다. 앞서 말씀드린 것처럼 챗봇은 답답하고 짜증을 유발하기 쉬운 모습을 많이 보였습니다. ChatGPT를 사용하면 그런 경험이 확연히 줄어들며, 학습자료를 보완하면 실제로 사용자가 가진 문제들을 해결할 수 있을 것으로 보입니다.

허브 시스템

최후의 단계는 명령을 실행할 것으로 보입니다. 스마트홈, 스마트팩토리, 스마트시티 등 스마트 에코 시스템의 허브가 되어서 명령을 실행하고, 그 결과를 피드백해주는 형태가 될 것으로 예상합니다. 그러기 위해서는 기존의 음성 인식 기술이 가지던 답답함을 생성적 인공지능을 통해 해결하는 것이 선행되어야 할 것입니다.

실시간 정보 반영

기존 검색 엔진들과 연계하여 최신 정보를 실시간으로 습득할 필요가 있습니다. 실시간으로 정보를 학습하고, 편향되거나 잘못된 정보 또는 환각 정보의 논란을 줄이기 위해서는 답을 하면서 근거를 제공하는 방향으로 발전하고 있습니다. ChatGPT에서는 그것이 다소 부족했지만, 마이크로소프트가 Bing과 결합하면서 두 가지 모두 해소되었습니다. 현재 Bing은 답변 결과의 근거가 되는 링크나 출처를 제공하기 때문에 신뢰성 면에서 좋은 평가를 받고 있습니다.

ChatGPT와 생성적 인공지능의 기반 인프라를 클라우드 환경에서 구축하면 많은 장점을 가집니다. 인프라를 유연하게 확장할 수 있고, 대규모 장비를 구축하지 않아도 활용할 수 있기 때문입니다. 스타트업 등에서는 GPT API와 클라우드 서비스를 이용하는 것이 투자 비용 대비 인프라를 빠르게 확보하고, 서비스를 구축할 수 있는 장점이 있습니다.

현재 GPT-3.5도 API 사용량 기반 과금 체제를 생산하고 있지만 향후 B2B 시장에서의 API 서비스를 더 확대할 것으로 보입니다. 글로벌 IT 기업들은 보편적인 AI 체계를 개발하고, 맞춤형 GPT는 API를 활용한 3rd party 개발 회사를 중심으로 발전할 것으로 예상됩니다. 따라서 GPT 플러그인을 활용하는 산업과 GPT API를 이용한 맞춤형 서비스는 각각 다른 형태로 발전할 것으로 보이며, 여기에서 새로운 시장이 탄생할 것으로 예상됩니다.

우리나라도 네이버, KT, LG 등의 기업을 중심으로 AI 모델을 개발하고 있습니다. 2023년 3월 기준으로는 LG의 엑사원이 가장 많은 파라미터 수를 보유하고 있습니다(표 6.1 참조). 네이버 하이퍼클로바는 사용자에게 친근한 서비스와 자체 보유한 한글 데이터를 중심으로 공격적으로 서비스를 확장해 나갈 것으로 보입니다. 네이버도 검색시장에서 뒤처지지 않기 위해 노력하고 있습니다.

기관	AI	파라미터 개수
OpenAI	GPT-3	1,750억 개
KT	믿음	2,000억 개
네이버	HyperClova	2,040억 개
LG	EXAONE	3,000억 개
Google	PaLM	5,400억 개

표 6.1 AI 모델별 파라미터 개수

구글은 바드, 카카오는 KOGPT 등의 생성형 인공지능을 준비하고 있습니다.

6.3 Google is done, 구글은 정말 위기인가?

이 책의 서두에 "구글은 끝났다"라는 인디펜던트지 기사 제목을 인용했습니다. 구글은 코드 레드를 발령했고, 구글 검색 엔진과 크롬 브라우저, 인공지능에 대한 주도권을 빼앗기고 있는 상황입니다.

그렇다면 구글은 정말 위기일까요? 그렇지는 않은 것 같습니다. 앞서 ChatGPT의 작동 원리를 설명하면서 트랜스포머^{Transformer} 모델에 대해 설명했습니다. 기억나시나요? 트랜스포머 모델은 구글에서 만들었습니다. 다시 말해 ChatGPT의 기반이 되는 인공신경망 모델은 구글에서 만들었습니다. 그리고 구글은 트랜스포머 모델에 대한 특허도 보유[10]하고 있습니다. ChatGPT의 수익은 구글에 로열티를 가져다주기 때문에 ChatGPT가 성공

---

10   구글 특허, Shazeer, "Attention-based sequence transduction neural networks", US특허

할수록 구글에게는 더욱 이익입니다.

검색 서비스와 인공지능 사업의 주도권을 위해 구글은 최신 데이터를 추가한 챗봇을 내놓겠다고 했습니다. 비록 지난 2월에 공개한 바드가 오답으로 인해 망신[11]을 당하기는 했지만, 대부분의 전문가들은 기술력은 구글이 더 강력한 것으로 예상하고 있습니다. 누가 승자가 될지 궁금해집니다.

6.4 GPT-4

ChatGPT(GPT-3.5 기반)의 열풍만큼이나 GPT-4는 출시 전부터 많은 기대를 불러일으켰습니다.

- '2023년 10대 AI 예측'에서 GPT-4의 등장을 첫째 이슈로 선정(포브스, 2022)
- '인간과 구분할 수 없다'…IT업계 들썩이는 GPT-4 뭐길래(한국경제, 2022)
- 흥분되고 무서운 GPT-4(뉴욕타임스, 2023)
- 40% 더 똑똑해진 'GPT-4'…변호사시험 상위 10% 수준(머니투데이, 2023)
- '더 똑똑해진' GPT-4 공개…SAT·변호사시험 성적 "상위 10%"(연합뉴스, 2023)

GPT-4는 인간의 시냅스 개수에 맞먹는 100조 개(GPT-3 매개변수 수의 571배)의 매개변수를 사용할 것이라는 예측도 있었습니다. 어마어마한 숫자입니다.

---

11   챗GPT 대항마, 구글 바드 오답 '망신'…시가총액 150조원 증발(한겨레, 2023. 2)

그러나 OpenAI의 CEO 샘 알트만은 이러한 트윗을 인용하며 냉정할 것을
요구했고, StrictlyVC와의 인터뷰에서 매개변수 수가 100조 개인 것을 사
실상 부정했습니다(그림 6.6 참조).

그림 6.6 샘 알트만의 트위터

OpenAI가 공식적으로 밝힌 바에 따르면 GPT-4는 대규모 멀티모달 모
델로 텍스트와 이미지를 입력할 수 있습니다(답변은 텍스트만 제공됩니다).
GPT-3.5는 변호사시험에서 하위 10% 성적이었지만 GPT-4는 상위 10%
의 성적을 얻었다고 합니다.

또한 여러 가지 주제 영역에서 기존의 GPT 모델들과 대비하여 성능이 향상되었으며, 대부분의 영역에서 약 70% 이상 사람과 유사하게 답변합니다 (그림 6.7 참조).

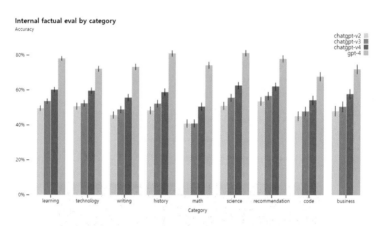

그림 6.7 100%에 가까울수록 사람과 유사하게 답변

일상적인 대화는 큰 차이를 느끼지 못할 수 있지만 복잡할수록 더 안정적이고 창의적이며, 훨씬 더 요구사항을 잘 처리할 수 있다고 합니다. 환각현상은 GPT-3.5 대비 크게 감소하였지만 여전히 발생합니다.

인상적인 것은 한 번에 처리할 수 있는 토큰^{Token}의 숫자가 3,000개에서 약 25,000개로 약 8배 이상 증가했다는 사실입니다. 따라서 더 많은 문장을 입력하고, 답변을 받을 수 있습니다. GPT-4는 현재 유료 버전의 ChatGPT Plus나 Bing Chat을 통해 사용할 수 있습니다.

ChatGPT Plus를 사용하기 위해서는 그림 6.8의 ChatGPT 대화창 왼쪽 하단의 **Upgrade to Plus**를 클릭합니다.

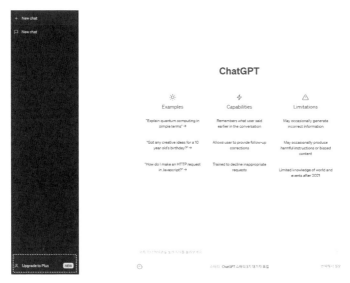

그림 6.8 ChatGPT 유료 업그레이드

ChatGPT Plus는 한 달에 약 20달러(한화 약 26,600원) 정도의 사용료를 지불해야 합니다(그림 6.9 참조).

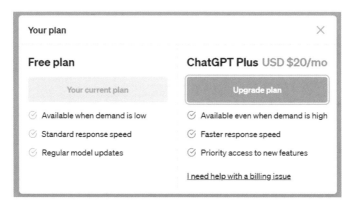

그림 6.9 ChatGPT Plus 요금 정책

ChatGPT Plus는 다음과 같은 장점이 있습니다.

- 약 25,000개의 단어 입력 가능
- 사용자가 많은 시간에도 오류 없이 안정적인 답변
- ChatGPT보다 더 빠른 답변
- 새로운 기능과 개선 사항 우선 제공

GPT-4 출시 이후 약 3주 만에 프로그래밍을 모르는 사람이 3D 게임을 만들거나, 영상을 제작하는 프로그램을 출시하는 등 다양한 사례가 등장하고, 이에 따른 응용 서비스들이 빠른 속도로 출시되고 있습니다. 사용자가 목표를 설정하면 자동으로 인터넷을 검색하고 결과물을 만들어내는 오토 GPT가 등장했으며,[12] 지난 3월 마이크로소프트는 AI와 함께하는 일의 미래The Future of Work with AI에서 MS 365 코파일럿Copilot을 공개했습니다. 코파일럿은 GPT-4를 탑재한 인공지능 도우미로, 제안서를 만들어달라는 요청에 순식간에 배경과 내용을 포함한 파워포인트를 만들어내는 시연을 보여주며 충격을 안겨주기도 했습니다(그림 6.10 참조).

---

12   챗GPT보다 한술더⋯ '오토GPT' 등장(2023.4, 조선일보)

그림 6.10 코파일럿이 생성한 파워포인트 초안

향후에는 텍스트와 이미지 외에도 음성, 영상 등을 인식하고 답변할 수 있을 것으로 예상됩니다. 이미 몇몇 생성적 인공지능 모델들이 부분적으로 지원하고 있습니다.

6.5 인공지능 기술의 현재

그림 6.11은 2022년 9월 미국의 콜로라도 박람회에서 순수 미술 경연대회 1등을 수상한 스페이스 오페라 극장입니다.

그림 6.11 스페이스 오페라 극장

르네상스 분위기에 19세기 대중문화 장르인 스팀펑크를 결합하여 초현실적인 분위기를 자아냈다고 합니다. 예상하신 것처럼 인공지능이 만들어낸 그림이었습니다. 그러나 예술가들은 분노했습니다. 인공지능이 생성한 그림을 순수 미술 경연대회에 출품하는 것이 맞지 않다는 것이었죠. 그들은 "로봇이 올림픽에 참가해도 되느냐"라고 반발했습니다. 저는 이것을 보면서 과거 사진기의 발명으로 인해 화가들이 거리로 내몰렸던 사례가 생각났습니다.

저는 웹소설을 좋아합니다. 그런데 뜻밖에도 웹소설 표지 디자이너의 그림이 AI 그림으로 빠르게 대체되고 있다고 합니다. 뒤에서 소개할 스테이블 디퓨전Stable Diffusion이나 DALL · E, 미드저니Midjourney 등의 이미지 생성 인공지능 모델에서 몇 가지 단어만 입력하면 자동으로 배경 이미지를 그려주기 때문입니다.

카카오브레인의 AI 아티스트 '칼로'는 바이브컴퍼니와 협업해 미국의 글로벌 경제전문지 '포춘FORTUNE'의 한국판인 '포춘코리아'의 2월호 표지(그림 6.12)를 제작했습니다.

그림 6.12 카카오브레인의 AI 모델 칼로가 그린 포춘지 표지, 이코노미스트

이 책을 쓰는 시점에서 「High-resolution image reconstruction with latent diffusion models from human brain activity」라는 흥미로운 논문이 하나 발표되었습니다. 간단히 말하면 사람에게 사진을 보여주고 뇌의 정보를 기능적 자기공명영상fMRI을 통해 스캔한 뒤 AI 모델을 통해 이미지를 복원한 것입니다.

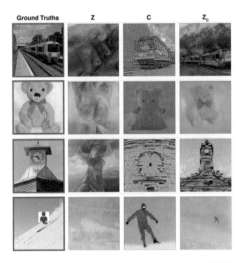

그림 6.13 사진을 보여준 뒤 뇌의 자기공명영상을 통해 AI가 복원한 이미지 사진

그림 6.13의 왼쪽이 원본, 다음 3개의 이미지는 인공지능이 기능적 자기공명영상을 토대로 복원한 이미지입니다. 우리는 어쩌면 인류가 엄청나게 변화하는 시대에 살고 있는지도 모릅니다.

우리는 인공지능이 이미지나 파워포인트를 만들어내고, 웹 표지 디자이너의 작업을 대체하거나, 또는 사람의 뇌를 스캔하여 이미지를 만들어내는 인공지능 기술들에 대해 살펴보았습니다. 이런 인공지능 기술에 대해 우리는 어떻게 준비해야 할까요?

기술 측면

우리나라는 초고속 인터넷과 높은 정보화 수준에도 불구하고 구글보다 많이 사용되는 검색엔진은 네이버밖에 없으며, 유튜브, 넷플릭스가 OTT 시장을 지배하고 있습니다. 구글이나 마이크로소프트처럼 글로벌 기업들이 천문학적으로 투자하는 인공지능 시장에서 경쟁력을 확보하기도 쉽지 않습니다. 투자 금액이나 컴퓨팅 자원, 시장이나 인재의 규모가 비교가 되지 않기 때문입니다.

솔트룩스의 이경일 대표는 모 매체와의 인터뷰에서 깊고 뾰족하게 접근해야 한다고 주장했습니다. 일반적인 경쟁에서는 상대가 될 수 없으니 특정 분야에 대해 깊게 접근하자는 의미입니다. 스타트업이나 중소기업의 경우 기존 기업들이 구축한 클라우드 인프라나 API 서비스를 활용하여 서비스 모델에 집중하는 것이 새로운 시장을 개척하는 데 도움이 될 것으로 보입니다. 예를 들어 법률, 노무, 의료 등 전문적인 상담모델, 또는 산업 분야의 시장조사나 분석을 수행하는 전문 컨설팅 모델, 여행이나 관광 등 특정 분야에 특화된 모델을 집중하여 개발하는 것입니다.

다만 이 과정에서 지식재산권 문제에 대비해야 합니다. 예를 들어 생성형 인공지능이 만든 결과물은 누구의 소유일까요? 최근 미국의 저작권청은 "AI가 만든 그림은 저작권 대상이 아니다."[13]라고 밝힌 바 있습니다. 사용자는 지식재산권 문제에 주의할 필요가 있으며, 생성적 인공지능 모델을 통해 생성한 정보의 출처, 사용권, 사업적 활용 등 지식재산권이나 관련 분쟁의 문제에 주의해야 합니다.

기반 인프라를 준비하는 것은 쉽지 않습니다. 정부와 대기업이 함께 투자해 원천기술 개발이 필요합니다. 예를 들어 최근 한국과학기술원은 국내 최초로 인공지능 연산을 수행하는 PIM 반도체 '다이나플라지아DynaPlasia'를 개발했다고 발표했습니다. 인텔, TSMC 등 글로벌 기업들은 PIMProcessing-In-Memory 반도체[14] 분야의 연구도 활발히 진행하고 있습니다.

---

13 미 저작권청 "AI가 만든 그림은 저작권 대상 아니다", AI타임즈, 2023.3
14 하나의 칩 내부에 메모리와 프로세서 연산기를 집적한 차세대 반도체

산업 측면

과거에는 인공지능이 육체노동만을 자동화하거나 대체할 것으로 예상할 뿐, 인간의 창의성은 대체할 수 없다고 생각했습니다. 그러나 ChatGPT로 대표되는 생성적 인공지능이 등장하면서 상황은 완전히 달라졌습니다.

골드만삭스는 미국에서 사람이 하는 업무 중 25~50%를 인공지능으로 대체할 수 있다고 전망했습니다. 사무 및 경영은 46%, 법률은 44%, 건축 및 기술은 37%가 자동화될 것으로 예상했으며, 육체노동이 필요한 업무는 영향이 적을 것으로 예상했습니다. 지역별로는 홍콩, 이스라엘, 일본, 스웨덴, 미국이 많은 영향을 받을 것이고, 중국과 나이지리아, 베트남, 케냐, 인도는 비교적 적은 영향을 받을 것으로 전망했습니다. 전 세계적으로 업무의 18%가 인공지능에 의해 자동화될 수 있다고 밝혔습니다.

이렇듯 인공지능은 육체노동을 자동화하고, 지식노동을 지능화할 것입니다. 여기서 얘기하는 육체노동은 생산적인 의미에서의 노동만을 의미하지 않습니다. 예를 들어 사무실에서의 문서 작업도 모두 포함합니다. 다만 지식노동은 전문가를 배제하는 것이 아니라 사람의 개입이 필요한 분야에 더욱 집중할 수 있도록 다른 업무들을 지원해주는 방향으로 발전해야 합니다. 인공지능이 파악하지 못하는 배경이나 환경, 문맥, 미묘한 분위기나 경험 등 사람의 판단이나 결정이 필요한 부분이 있기 때문입니다.

어떤 분야든, 어떤 일이든 많고 적음의 차이는 있을지언정 소멸하거나 변화할 것은
확실해 보입니다. 과거의 러다이트 운동[15]처럼 특정 산업 분야는 인공지능을
거부할 것인지, 또는 활용할 것인지, 활용한다면 사용권과 지식재산권은
어떻게 처리할 것인지 고민과 합의가 필요한 시점입니다.
국민대학교 인공지능 윤리 선언문을 소개하면서 이번 장을 마치겠습니다.

1.	나는 인공지능의 기본 원리 및 최신 동향을 잘 파악합니다.
2.	인공지능을 맹목적으로 신뢰하거나 무조건 거부하지 않습니다.
3.	인공지능을 활용할 때 정보를 선별하고 진실을 확인하는 것은 나의 책임입니다.
4.	인공지능이 창의적 인재 육성이라는 대학의 고유 목적을 훼손하지 않도록 노력합니다.
5.	인공지능을 새로운 학습 도구로 도입하는 것을 적극적으로 탐색합니다.
6.	인공지능을 활용하는 혁신적인 학습 방식을 찾도록 노력합니다.
7.	인공지능의 사용 여부는 교수와 학생이 상호 협의합니다.
8.	인공지능의 결과물을 비판 없이 그대로 활용하지 않습니다.
9.	인공지능 활용 여부를 과제 제출 시 명확히 밝힙니다.
10.	인공지능 활용에 있어서 창의적 질문과 논리적 비평만이 나의 지성입니다.

표 6.2 국민대학교 인공지능 선언문

---

15 19세기 초반 영국에서 있었던 사회 운동으로 섬유 기계를 파괴하거나 폭동을 일으켰다. 이후 산업화, 자
동화, 컴퓨터화 또는 신기술에 반대하는 사람을 의미한다.

CHAPTER 07

다른 인공지능 서비스와 사용 방법

- GPT를 응용한 검색, 대화 서비스와 번역, 그림 그리기 등
- 여러 가지 생성형 인공지능 서비스들

7.1 BingGPT : 검색 서비스

생성적 인공지능은 OpenAI와 구글의 싸움이라기보다, 구글과 마이크로소프트의 싸움이 되어가고 있습니다. 마이크로소프트는 과거 익스플로러의 영광을 되찾을 것인지가 관심사입니다.

BingGPT는 마이크로소프트에서 GPT-4를 사용하여 개발한 검색 전문 인공지능 모델입니다. ChatGPT는 대화 전문 인공지능 챗봇으로 사용자와 일상적인 대화를 할 수 있고, BingGPT는 검색 전문 인공지능 챗봇으로 사용자가 원하는 정보를 제공한다는 점에서 차이가 있습니다.

BingGPT의 특징은 다음과 같습니다.

- GPT-4 모델을 사용하여 개발
- 최대 1시간 전의 정보를 제공(ChatGPT는 2021년까지 제공)
- ChatGPT의 GPT-3.5보다 빠르고 정확
- 문서 등의 요약 기능이 뛰어남
- 추가 질문에 대한 검색 결과 제공
- 자료의 출처를 함께 표기
- 편리한 단어 자동완성 기능

특히 자료의 출처를 함께 제공하기 때문에 ChatGPT의 문제 중 하나로 제기되었던 환각 현상에 대한 우려를 크게 감소시키고 있습니다. BingGPT는 Bing 사이트에 접속하면 사용할 수 있습니다. 윈도우 엣지^{Edge} 브라우저를 통해 Bing으로 접속한 뒤 대기 신청을 하고, 승인받으면 사용할 수 있습니다.

그림 7.1 Bing 접속 화면

Bing은 2가지 모드를 사용할 수 있는데, Bing 접속 화면 상단의 대화모드와 검색모드입니다(그림 7.1 참조). 또한 ChatGPT와의 차이점 중 하나는 대화의 스타일을 선택할 수 있다는 것입니다. 창작을 원하는지, 정확한 정보를 원하는지를 선택할 수 있습니다.

그림 7.2 Bing 대화모드

대화모드(그림 7.2)는 ChatGPT처럼 질문에 대해 답변을 제공합니다. ChatGPT와 유사하지만, 답변에 대한 출처를 제공하고 있다는 점과 추가 질문의 예시를 제공한다는 점에서 활용도가 높습니다.

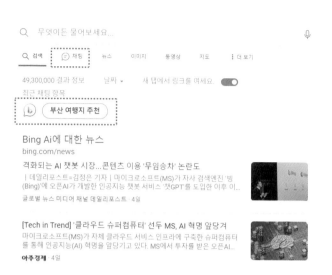

그림 7.3 Bing 검색모드

검색모드(그림 7.3)에서는 기존의 Bing 검색 사이트와 동일하지만 검색 결과에 대해 채팅을 할 수 있으며, 최근에 Bing과 대화한 채팅 내용을 제공하고 있습니다.

ChatGPT는 프리 트레이닝과 파인 튜닝 등을 위해 2021년까지의 데이터만 제공하는 등 학습자료에 제한이 있지만 Bing은 최근 1시간 전까지의 정보를 제공하고, 검색 결과에 대한 출처를 제공한다는 점에서 활용성이 크게 증가할 것으로 기대됩니다.

7.2 ChatSonic : 검색과 이미지 생성 서비스

ChatSonic(그림 7.4)은 Writesonic에서 개발한 대화형 인공지능 서비스입니다. 현재 GPT-4 엔진을 탑재하고, 최신 데이터까지 학습해서 제공합니다. 매월 10,000개의 단어까지 무료로 제공하고 있습니다.

ChatSonic의 특징은 다음과 같습니다.

- 구글 최신 정보 검색
- AI 이미지 생성기능 제공
- 음성 명령 기능 제공
- 교육, 운동 등 전문적인 대화 제공
- ChatSonic 접속 주소 : https://writesonic.com/chat

그림 7.4 ChatSonic 접속 화면

맞춤형 서비스를 위해 영어 번역가, 여행 가이드 등의 전용 대화모드를 제공하고 있으며, 가장 큰 특징 중 하나로 쉽고 간단하게 이미지를 생성할 수 있습니다.

귀여운 고양이 그림 만들어줘

7.3 YouChat: 검색서비스

YouChat(그림 7.6)은 BingGPT와 유사한 검색 사이트입니다. Bing과 마찬가지로 질문에 대한 답변과 포털 사이트 검색 결과를 같이 보여줍니다.

YouChat의 특징은 다음과 같습니다.

- GPT-3 모델을 사용하여 개발
- 다양한 언어 지원
- API를 통한 통합 가능
- 특정 키워드를 통해 사용자를 분류하고 대응 가능
- YouChat 접속 주소 : https://you.com/

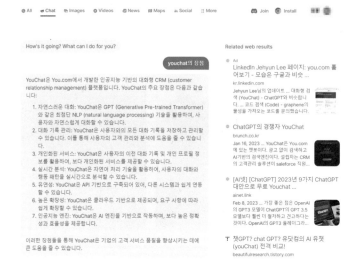

그림 7.6 YouChat 접속 화면

7.4 ChatPDF : PDF에 대해 대화하기

ChatPDF(그림 7.7)는 PDF 파일을 업로드한 후 문서를 요약하거나, 내용에 대해 질문하고 답변을 받을 수 있는 서비스입니다. ChatGPT의 파일 업로드 단점을 보완했고, GPT API를 사용하여 PDF 파일에 대한 요약 및 분석을 쉽게 지원하고 있습니다. 용량이나 분량에 따라 요금을 지불해야 하는데 분량이 많은 경우 파일을 나눠서 업로드하면 됩니다.

- ChatPDF 접속 주소 : https://www.chatpdf.com

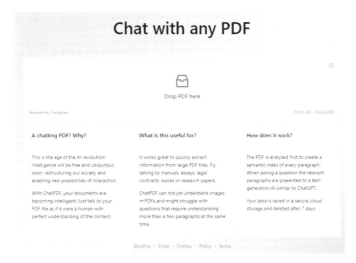

그림 7.7 ChatPDF 접속 화면

[Drop PDF here]에 파일을 드래그하여 업로드합니다. 파일이 크거나 분량이 많은 경우 그림 7.8과 같이 월 요금을 지불하라고 나옵니다.

그림 7.8 업그레이드 서비스

앞서 말씀드린 것처럼 군이 업그레이드가 필요하지 않으면 PDF 파일을 나누어 업로드한 뒤 사용할 수 있습니다. 정상적으로 업로드가 완료되면 PDF 파일에 대한 간단한 내용을 요약하여 보여줍니다(그림 7.9 참조).

Hello there! I am the PDF file discussing the "Transformer" network architecture proposed by Ashish Vaswani and his team at Google Brain. This architecture is based solely on attention mechanisms, making it more parallelizable and faster to train than traditional models that use recurrent or convolutional neural networks. In experiments on machine translation tasks, the Transformer outperformed other models in terms of quality.

Here are three example questions you might have about this PDF file:

▷ How does the Transformer architecture differ from traditional models that use recurrent or convolutional neural networks?
▷ Can the Transformer be used for tasks other than machine translation?
▷ Are there any limitations or drawbacks to using the Transformer architecture?

그림 7.9 PDF 파일에 대한 요약

여기서 업로드한 PDF 문서는 앞서 얘기한 "Attention Is All You Need"라는 트랜스포머 관련 논문입니다. ChatPDF는 정확히 문서의 내용을 해석한 뒤 구글 브레인에서 만든 트랜스포머 논문에 관한 내용이라고 설명합니다(그림 7.10 참조).

필요시 답변을 그대로 복사해 ChatGPT에서 번역해달라고 하면 됩니다.

summarize the paper

The paper proposes a new network architecture called the Transformer, which is based solely on attention mechanisms and does not use recurrent or convolutional neural networks. The Transformer is shown to be superior in quality and more parallelizable than traditional models in experiments on machine translation tasks. The paper describes the Transformer's architecture, motivates self-attention, and discusses its advantages over other models. The authors also establish new state-of-the-art results on two machine translation tasks using the Transformer.

그림 7.10 PDF 요약 요청

summarize the paper 라는 명령을 통해 PDF 파일을 요약해달라고 하였습니다. 순환 또는 컨볼루션 신경망을 사용하지 않는 트랜스포머라는 새로운 아키텍처를 제안한다고 답변하였습니다.

이런 서비스를 통해 해외 PDF 파일이나 논문을 쉽게 요약하거나, 특정 내용에 대해 질문하고 답변을 받을 수 있습니다. 저처럼 영어가 다소 부족한 경우 ChatGPT에게 질문이나 답변을 번역해달라고 하면 더욱 쉽게 내용에 집중할 수 있습니다.

7.5 FileChat : 업로드한 파일 대화하기

FileChat(그림 7.11)은 파일이나 URL 주소를 보내면 해당 내용에 대해 채팅을 제공하는 서비스입니다. ChatGPT가 텍스트 입력만 가능한 점을 개선하여 내용을 일일이 입력하지 않아도 파일을 업로드한 뒤 내용을 요약하거나, 주소 정보만 제공한 뒤 해당 파일의 주제에 대해 대화할 수 있는 서비스입니다.

파일 업로드, 웹 주소 입력을 통해 대화할 수 있다는 것은 ChatPDF와 유사하지만 PDF, Word, html, txt 파일까지 지원합니다.

- FileChat 접속 주소 : https://www.filechat.io

그림 7.11 FileChat 접속 화면

간단한 회원가입 절차를 거치면 바로 사용할 수 있습니다.

그림 7.12 FileChat 파일 업로드

먼저, 그림 7.12의 왼쪽 [Upload] 영역에 파일을 업로드 해보겠습니다.

그림 7.13 FileChat 분석실행

파일을 업로드한 뒤 그림 7.13의 **Upload and Process**를 클릭하면 업로드한 파일에 대해 요약이나 질문에 대한 답변을 받을 수 있습니다.

이 책을 작성하는 현재 유료로 전환되어 서비스를 간단히 소개하는 정도에서 마치겠습니다.

7.6 뤼튼 : 한국형 ChatGPT

뤼튼(그림 7.14)은 한글에 최적화된 대화형 인공지능입니다. 뤼튼은 OpenAI의 ChatGPT와 네이버의 하이퍼클로바 등의 모델을 결합하여 개발하였다고 합니다.

뤼튼이 다른 대화형 인공지능과 다른 점은 한글을 이용하여 다양한 콘텐츠를 생성하는 데 최적화되어 있다는 점입니다. 이를 통해 보다 전문적인 글쓰기가 가능합니다. 레포트, 인스타 피드, 유튜브 대본을 포함하여 블로그 포스팅, 광고문구, 리뷰, 댓글, 채용공고, 보도자료 등 다양한 툴을 제공합니다.

- **뤼튼 접속 주소** : https://wrtn.ai/

그림 7.14 뤼튼 접속 화면

뤼튼을 이용하여 레포트 서론을 만들어 보겠습니다. 그림 7.15의 왼쪽 툴에서 [서론 레포트]를 선택하였습니다.

그림 7.15 글쓰기 유형 선택

대화창에 "금리와 부동산 시장의 상관관계"를 입력한 후 **생성**을 눌렀습니다. 레포트의 서론이 생성된 것을 확인할 수 있습니다.

부동산 시장은 경제 발전의 지표 중 하나로 꼽히며, 많은 사람들이 부동산 투자를 통해 수익을 창출하고 있다. 하지만, 부동산 시장은 다양한 요인에 의해 영향을 받기 때문에 투자에는 항상 위험이 따른다. 그 중에서도 가장 큰 요인 중 하나가 금리이다. 금리가 상승하면 부동산 시장에도 영향을 미치며, 그 반대로 금리가 하락하면 부동산 시장도 그에 따라 변화한다. 이번 보고서에서는 금리와 부동산 시장의 상관관계에 대해 알아보고, 금리가 부동산 시장에 미치는 영향과 그에 따른 대처 방안을 살펴보고자 한다.

현재 뤼튼은 이미지를 그려달라는 요청에는 텍스트 이미지를 생성하고 있으나, 조만간 이미지 생성기능을 지원할 것으로 예상되며, 이미지 입력 기능은 준비 중에 있다고 합니다.

7.7 DeepL : 번역하기

DeepL(그림 7.16)은 구글 번역, 파파고와 같이 번역을 제공하는 서비스입니다. 그러나 다른 서비스보다 번역의 정확도가 매우 높다는 입소문을 타고 알려졌습니다. DeepL에 따르면 경쟁사보다 3배 이상 정확하게 번역한다고 합니다.

- DeepL 접속 주소 : https://www.deepl.com

DeepL의 특징은 다음과 같습니다.

- 문서 서식을 유지한 채 파일 번역(pdf, docx, pptx)
- DeepL for Chrome 확장프로그램을 통해 웹 페이지 번역
- PC, 모바일, API를 통해 번역 제공

그림 7.16 DeepL 접속 화면

DeepL에 접속한 뒤 "Attention Is All You Need" 논문 파일(그림 7.17)을 업로드해 한글로 번역하였습니다. 번역한 결과는 그림 7.18과 같습니다. 원본 파일의 서식을 그대로 유지한 채 내용을 번역하고, 번역된 파일을 다운로드 받을 수 있습니다.

Attention Is All You Need

Ashish Vaswani[*]	Noam Shazeer[*]	Niki Parmar[*]	Jakob Uszkoreit[*]
Google Brain	Google Brain	Google Research	Google Research
avaswani@google.com	noam@google.com	nikip@google.com	usz@google.com

Llion Jones[*]	Aidan N. Gomez[* †]	Łukasz Kaiser[*]
Google Research	University of Toronto	Google Brain
llion@google.com	aidan@cs.toronto.edu	lukaszkaiser@google.com

Illia Polosukhin[* ‡]
illia.polosukhin@gmail.com

Abstract

The dominant sequence transduction models are based on complex recurrent or convolutional neural networks that include an encoder and a decoder. The best performing models also connect the encoder and decoder through an attention mechanism. We propose a new simple network architecture, the Transformer, based solely on attention mechanisms, dispensing with recurrence and convolutions entirely. Experiments on two machine translation tasks show these models to be superior in quality while being more parallelizable and requiring significantly less time to train. Our model achieves 28.4 BLEU on the WMT 2014 English-to-German translation task, improving over the existing best results, including ensembles, by over 2 BLEU. On the WMT 2014 English-to-French translation task, our model establishes a new single-model state-of-the-art BLEU score of 41.8 after training for 3.5 days on eight GPUs, a small fraction of the training costs of the best models from the literature. We show that the Transformer generalizes well to other tasks by applying it successfully to English constituency parsing both with large and limited training data.

그림 7.17 번역 전 업로드 원본 파일

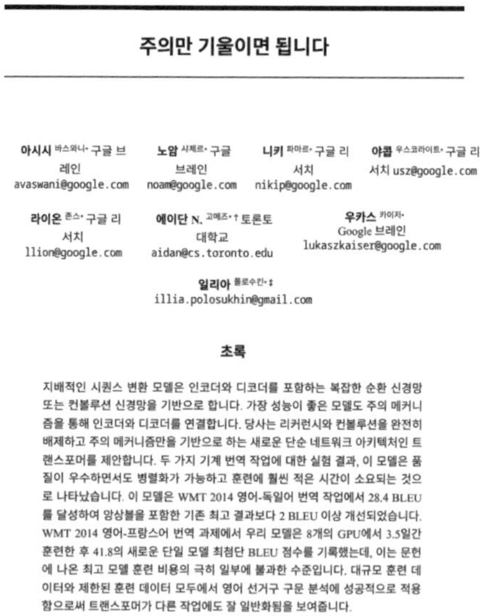

주의만 기울이면 됩니다

아시시 바스와니[*] 구글 브레인	노암 셰퍼르[*] 구글 브레인	니키 파르르[*] 구글 리서치	야콥 우스코라이트[*] 구글 리서치 usz@google.com
avaswani@google.com	noam@google.com	nikip@google.com	

라이온 존스[*] 구글 리서치	에이단 N. 고메즈[* †] 토론토 대학교	우카스 카이저[*] Google 브레인
llion@google.com	aidan@cs.toronto.edu	lukaszkaiser@google.com

일리아 폴로수킨[* ‡]
illia.polosukhin@gmail.com

초록

지배적인 시퀀스 변환 모델은 인코더와 디코더를 포함하는 복잡한 순환 신경망 또는 컨볼루션 신경망을 기반으로 합니다. 가장 성능이 좋은 모델도 주의 메커니 즘을 통해 인코더와 디코더를 연결합니다. 당사는 리커런시와 컨볼루션을 완전히 배제하고 주의 메커니즘만을 기반으로 하는 새로운 단순 네트워크 아키텍처인 트 랜스포머를 제안합니다. 두 가지 기계 번역 작업에 대한 실험 결과, 이 모델은 품 질이 우수하면서도 병렬화가 가능하고 훈련에 훨씬 적은 시간이 소요되는 것으 로 나타났습니다. 이 모델은 WMT 2014 영어-독일어 번역 작업에서 28.4 BLEU 를 달성하여 앙상블을 포함한 기존 최고 결과보다 2 BLEU 이상 개선되었습니다. WMT 2014 영어-프랑스어 번역 과제에서 우리 모델은 8개의 GPU에서 3.5일간 훈련한 후 41.8의 새로운 단일 모델 최첨단 BLEU 점수를 기록했는데, 이는 문헌 에 나온 최고 모델 훈련 비용의 극히 일부에 불과한 수준입니다. 대규모 훈련 데 이터와 제한된 훈련 데이터 모두에서 영어 선거구 구문 분석에 성공적으로 적용 함으로써 트랜스포머가 다른 작업에도 잘 일반화됨을 보여줍니다.

그림 7.18 DeepL이 번역한 파일

7.8 DALL·E 2 : 그림 그리기

DALL · E 2(그림 7.19)는 ChatGPT를 개발한 OpenAI에서 개발한 이미지 생성 인공지능입니다. 쉽게 말하면 텍스트를 입력했을 때 해당 텍스트를 기반으로 이미지를 만들어주는 인공지능 모델입니다. 많이 사용되는 이미지 생성형 인공지능 모델을 알고 싶다면 "9장. 이미지 생성형 인공지능 비교"를 참고하시길 바랍니다.

1. 검색 사이트에서 DALL·E 2를 검색하거나 주소를 입력하여 접속합니다.
    *   DALL·E 2 접속 주소 : https://openai.com/product/dall-e-2

그림 7.19 DALL·E 접속 화면

2. 그림 7.19 하단의 [Try DALL·E]를 클릭합니다.

그림 7.20 DALL·E 초기 접속 화면

3. 상단 명령어 입력창에 원하는 이미지에 대한 요청사항을 입력합니다. 저는 ChatGPT의 캐리커처를 그려달라고 요청(Generate an image of "chatgpt caricature. blue tone. funny.") 해 보았습니다(그림 7.20과 7.21 참조).

그림 7.21 DALL·E가 생성한 ChatGPT 캐리커쳐

DALL · E는 영어만 지원하기 때문에 아래와 같이 명령어를 활용하시길 바랍니다.

- Generate an image/picture of "원하는 이미지를 영어로 입력"
- Show me and image/picture of "원하는 이미지를 영어로 입력"
- Create a image/picture of "원하는 이미지를 영어로 입력"
- Produce a image/picture of "원하는 이미지를 영어로 입력"

image나 picture 중 하나를 선택하고, 원하는 이미지의 설명은 ChatGPT 또는 DeepL을 통해 번역하면 됩니다.

7.9 Midjourney : 그림 그리기

미드저니[Midjourney]는 미드저니(서비스명과 동일)에서 개발한 이미지 생성 인공지능입니다. 텍스트나 이미지 파일을 입력하면 이미지를 생성할 수 있습니다.

미드저니는 자사의 웹사이트나 프로그램을 통해서 이미지를 생성하는 것이 아니라 디스코드[Discord][1]라는 서버에서 이루어집니다. 다른 사람의 이미지를 볼 수 있고, 내가 생성한 이미지도 다른 사람이 볼 수도 있습니다. 유료 결제를 선택하면 다른 사람이 보지 못하게 설정할 수 있습니다.

- 미드저니 접속 주소 : https://midjourney.com

미드저니로 접속하면 그림 7.22의 접속 화면이 나타납니다. 오른쪽 하단의 **Join the Beta** 버튼을 클릭하면 디스코드 서버로 연결됩니다.

그림 7.22 미드저니 접속 화면

그림 7.23의 **초대 수락하기**를 클릭합니다.

---

1   음성, 채팅, 화상을 지원하는 메신저 서비스

그림 7.23 디스코드 접속 화면

그림 7.24의 왼쪽 상단의 돛단배 아이콘을 클릭한 후 [NEWCOMER ROOMS] 하단의 채팅방 중 하나를 선택하여 접속합니다. 여기서는 [newbies-5]를 선택하였으나 다른 방을 선택해도 상관없습니다.

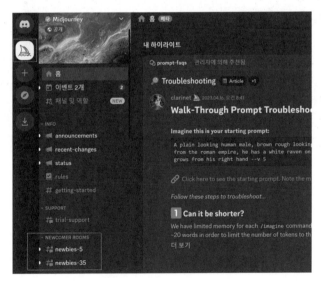

그림 7.24 채팅방 접속 화면

처음 접속하면 공개된 디스코드 대화창에서 여러 사용자가 입력한 명령어와 이미지가 계속해서 올라오기 때문에 다소 혼잡하게 느껴질 수 있습니다(그림 7.25 참조).

그림 7.25 다른 사용자들이 생성한 이미지

이미지를 생성하기 위해서는 /imagine이라고 입력한 후 스페이스를 누르면 그림 7.26과 같이 프롬프트가 생성됩니다.

그림 7.26 이미지 생성 명령어

만약 그림 7.27의 오류 메시지가 나온다면 잠시 후 다시 시도해보시길 바랍니다.

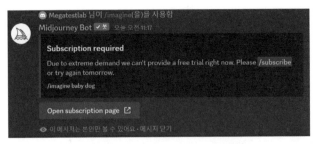

그림 7.27 미드저니 오류 메시지

미드저니는 프롬프트 뒤에 파라미터를 입력하여 여러가지 이미지 생성 조건을 지정할 수 있습니다. 표 7.1에 많이 사용하는 파라미터를 정리했습니다.

파라미터	설명	값
--aspect 값:값, --ar 값:값	가로 세로 비율 지정	2:1, 1:2 등
--change 값	값이 높을수록 창의력 수치가 높음	0~100
--quality, --q 값	이미지의 품질로 값이 높다고 무조건 좋은 것은 아님	0.25, 0.5, 1 등 (1이 최대)
--seed 값	그림의 고유넘버를 입력하여 재현가능 대화에서 편지봉투 이모지를 누르면 디스코드 쪽지로 시드넘버를 발송	--seed 시드넘버
--stylize 값 --s 값	값이 낮을 수록 프롬프트와 가깝게, 값이 높을수록 표현을 추가	0~1000 (500~750을 권장)
--version 값 --v 값	미드저니 버전선택 기본적으로 v4로 선택되어 있음	1, 2, 3, 4 등
--upbeta	이미지의 업스케일을 수행하지만 디테일이 다소 떨어짐 일반 모드는 1024*1024 이지만 beta 모드는 2048*2048 로 업스케일 수행	-
--niji	일본 애니메이션 스타일	버전 4와 동시에 사용 불가능
--no 값	제외하고 싶은 값	--no robot 등

표 7.1 미드저니 파라미터

niji와 stylize는 같이 쓸 수 없으며, 특정 버전에서 동작하지 않는 파라미터도 있습니다. 더 많은 파라미터는 미드저니 홈페이지에서 확인하시기 바랍니다.

- 미드저니 파라미터 주소 : https://docs.midjourney.com/docs/parameter-list

7.10 Stable Diffusion : 그림 그리기

스테이블 디퓨전Stable Diffusion은 Stability AI에서 오픈소스 라이선스로 배포한 인공지능 모델입니다.

무료로 사용 가능한 오픈소스라는 점으로 인기를 얻고 있으며, 선택하는 AI 모델에 따라 실사, 반실사, 애니메이션 스타일의 이미지를 생성할 수 있다는 것이 가장 큰 장점입니다.

스테이블 디퓨전을 쉽게 사용하기 위해서는 WebUI를 설치하는 것이 좋습니다. 여기서는 윈도우 10 환경을 기준으로 설명합니다. 설치 과정이 다소 복잡할 수 있지만 어렵지 않습니다. 천천히 따라 해보겠습니다.

1. 파이썬 설치하기
   파이썬을 검색하거나 주소를 입력하여 사이트에 접속합니다(그림 7.28 참조).
   - 파이썬 설치 사이트 : https://www.python.org/downloads/

그림 7.28 파이썬 설치화면 ①

- 그림 7.29의 Install Now를 클릭해 설치 진행
  설치하기 전 하단의 [Add python.exe to PATH]를 반드시 체크합니다.

그림 7.29 파이썬 설치화면 ②

2. 검색엔진에서 "git for window" 검색 후 설치하기(그림 7.30 참조)

- Git 설치 사이트 : https://gitforwindows.org/

그림 7.30 Git 설치화면 ①

- 옵션이 많지만 변경 없이 next 버튼을 계속 눌러 설치합니다(그림 7.31 참조).

그림 7.31 Git 설치화면 ②

3. huggingface를 검색하여 사이트로 접속한 뒤 그림 7.32 상단의 Sign Up을 눌러 회원가입 진행

- Hugging Face 접속 사이트 : https://huggingface.co/

The AI community
building the future.

Build, train and deploy state of the art models powered by
the reference open source in machine learning.

그림 7.32 Hugging Face 회원가입 ①

- 그림 7.33의 이메일과 비밀번호를 입력합니다.

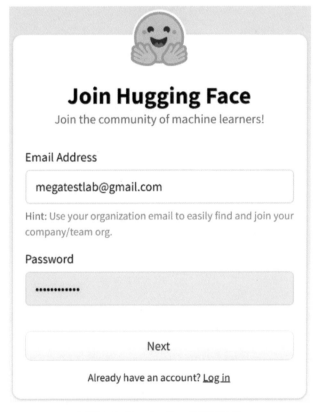

그림 7.33 Hugging Face 회원가입 ②

- 프로필을 완성합니다. 그림 7.34의 필수 입력인 Username과 Fullname만 입력한 뒤 동의 버튼을 누르고 Create Account를 클릭합니다.

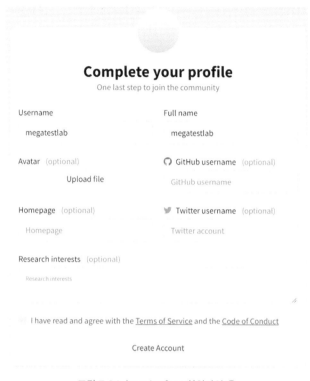

그림 7.34 huggingface 회원가입 ③

4. GitHub에서 스테이블 디퓨전 WebUI 설치하기

- 스테이블 디퓨전 설치 사이트 : https://github.com/

그림 7.35의 스테이블 디퓨전 검색창에 "stable-diffusion-ui"를 검색합니다.

그림 7.35 WebUI 설치하기 ①

- 제일 첫 번째로 검색되는 "AUTOMATIC1111/stable-diffusion-webui"을 클릭합니다(그림 7.36 참조).

그림 7.36 WebUI 설치하기 ②

- 그림 7.37의 오른쪽 상단 초록색 Code 버튼을 클릭한 후 아래의 복사하기 아이콘을 클릭합니다.

그림 7.37 WebUI 설치하기 ③

- 설치 완료 후 AI 이미지를 생성할 폴더를 하나 생성합니다. 여기서는 "AI-Image"라는 폴더를 생성하였습니다(그림 7.38 참조).

※ 경로나 폴더명에 한글이 들어가면 안 됩니다.

> ▨ C (C:)

∨ ▬ D (D:)

　📁 AI-Image

그림 7.38 WebUI 설치하기 ④

윈도우키 또는 윈도우의 시작 버튼을 누르거나 윈도우 검색에서 [cmd] 또는 [명령 프롬프트] 창을 실행합니다.

cmd 창에서 조금 전에 생성한 폴더로 이동한 후 "git clone"를 입력하고, 한 칸 띄운 다음 우측 마우스를 클릭하여 복사한 주소를 붙여넣기 합니다.

※ "d:"를 입력하여 드라이브를 변경한 후, "cd d:₩AI-Image" 폴더로 이동하였습니다(그림 7.39 참조).

```
C:\Users\slyNote>d:

d:\AI-Image>git clone https://github.com/AUTOMATIC1111/stable-diffusion-webui.git
Cloning into 'stable-diffusion-webui'...
remote: Enumerating objects: 17171, done.
remote: Counting objects: 100% (11/11), done.
remote: Compressing objects: 100% (9/9), done.
remote: Total 17171 (delta 2), reused 6 (delta 2), pack-reused 17160
Receiving objects: 100% (17171/17171), 27.94 MiB | 3.38 MiB/s, done.
Resolving deltas: 100% (12001/12001), done.

d:\AI-Image>
```

그림 7.39 WebUI 설치하기 ⑤

5. Stable-Diffusion-WebUI 폴더로 이동한 후 webui-user.bat 파일을 실행합니다(그림 7.40 참조).

※ 경로 : 만든 폴더명₩stable-diffusion-webui₩webui-user.bat

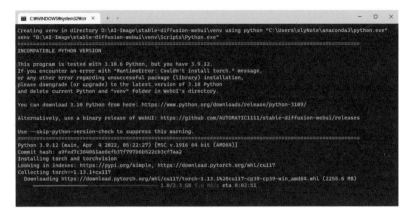

그림 7.40 WebUI 설치하기 ⑥

자동으로 설치가 진행되는데 AI 모델의 파일 크기가 4GB 정도이기 때문에 여유를 가지고 기다려 줍니다.

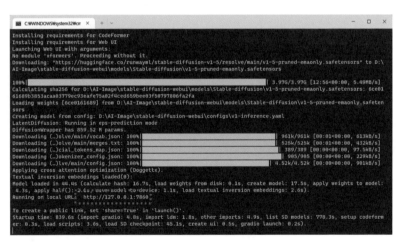

그림 7.41 WebUI 설치하기 ⑦

설치가 완료되면 그림 7.41의 화면과 같이 스테이블 디퓨전으로 접속할 수 있는 WebUI 주소가 나옵니다. 마우스로 드래그한 다음 오른쪽 마우스를 누르면 복사가 됩니다. 이 주소를 인터넷 창에 붙여넣으면 그림 7.42와 같이 스테이블 디퓨전으로 접속됩니다.

Tip   이 주소를 즐겨찾기 하거나 별도로 저장해두시길 바랍니다.

그림 7.42   WebUI 접속 화면

테스트를 위해 AI 모델에 대한 캐리커처를 그려달라고 하였습니다. "ai model caricature" 입력 후 **Generate** 버튼을 클릭하면 그림 7.43과 같이 캐리커처 그림이 생성됩니다.

그림 7.43 WebUI 이미지 생성 결과

개인적으로 마음에 드는 캐리커처는 아니지만 프롬프트를 조정해서 원하는 그림을 그릴 수 있습니다. 프롬프트를 사용하는 방법은 5.1절의 프롬프트 사용법이나, 5.2.3절의 AIPRM을 활용하시길 바랍니다. 아직 익숙하지 않다면 AIPRM 사용을 추천합니다.

> **Note** img2img를 통해 가지고 있는 이미지를 베이스로 비슷한 이미지를 생성할 수 있습니다.

1.	(졸라맨 그리기) openpose
1.	(도트 또는 스케치로 변환) haku-img
2.	(이미지 프롬프트 공유) Civit AI 사이트, Novel AI 태그 생성기, PromptHero 등

표 7.1 스테이블 디퓨전 플러그인과 참고 사이트

이 책에서 소개한 DALL · E와 미드저니, 스테이블 디퓨전 외에도 노벨AI, 플레이그라운드 AI, 레오나르도 AI 등 다양한 이미지 생성형 인공지능 서비스들이 있습니다. 이중 현재 가장 많이 사용되는 AI 모델은 DALL · E, 미드저니, 스테이블 디퓨전 3가지입니다. 어떤 모델을 사용해야 될지 모르겠다면 8.5절의 '이미지 생성형 인공지능 비교'를 참고하시길 바랍니다.

CHAPTER 08

ChatGPT 참고 자료

8장에서 다루는 내용

- ChatGPT의 프롬프트와 하이퍼파라미터에서 사용할 수 있는 명령어를 알아봅니다.

- 문장의 톤과 문체를 통해 다양한 결과물을 생성할 수 있습니다.

- 그림을 그릴 때 많이 사용되는 DALL-E 2와 미드저니, 스테이블 디퓨전의 차이를 알아봅니다.

8.1 ChatGPT 문장의 톤(Tone)

ChatGPT가 생성하는 문장의 톤을 조정하는 하이퍼파라미터입니다. 톤(Tone)은 문장에 담긴 감정적인 분위기를 의미합니다. 예시에서 formal을 다른 톤으로 변경하면 됩니다.

예시 : 홈페이지 개편에 대한 보도자료를 만들어줘 tone : formal

톤(Tone)	뜻
Authoritative	권위적인
Clinical	냉담한
Cold	차가운
Confident	자신감 있는
Cynical	냉소적인
Emotional	감정적인
Empathetic	공감하는
Formal	격식있는
Friendly	친근한
Humorous	유머있는
Informal	비격식적인
Ironic	역설적인
Optimistic	낙관적인
Pessimistic	비관적인
Sarcastic	빈정대는
Serious	심각한
Sympathetic	동조적인
Tentative	머뭇거리는
Warm	따뜻한

표 8.1 ChatGPT 문장의 톤(Tone) 종류

8.2 ChatGPT 문체

ChatGPT가 생성하는 문체를 조정하는 하이퍼파라미터입니다. 톤^{Tone}은 감정적인 분위기라면 문체^{Writing Style}은 글의 내용적인 측면을 의미합니다.

예시 : 홈페이지 개편에 대한 보도자료를 만들어줘 writing style : Academic

문체(Writing Style)	뜻
Academic	권위적인
Analytical	분석적인
Argumentative	논쟁적인
Confident	자신감 있는
Conversational	대화적인
Creative	창의적인
Critical	비판적인
Descriptive	설명적인
Epigrammatic	풍자적인
Epistolary	편지체
Expository	설명적인
Friendly	친근한
Informal	비격식적인
Impolite	무례한
Informative	자세한
Instructive	유익한

문체(Writing Style)	뜻
Journalistic	신문체
Metaphorical	은유적인
Narrative	서술적인
Persuasive	설득적인
Poetic	시적인
Professional	전문적인
Polite	공손한
Persuasive	설득력있는
Requesting	요청
Sarcastic	비꼬는
Sales-oriented	판매
Satirical	풍자적인
Technical	기술적인
Unsatisfying	불만족스러운

표 8.2 ChatGPT 문체(Writing Style) 종류

8.3 ChatGPT 하이퍼파라미터

문장의 길이, 창작성을 조절하기 위한 하이퍼파라미터입니다. 하이퍼파라미터의 종류와 사용 방법을 ChatGPT에게 물어보는 것도 좋은 방법입니다.

하이퍼파라미터	값	의미
max_length	0~2048	토큰의 수를 의미하며, 높을수록 결과가 많음
Length penalty	0.5~2.0	높을수록 긴 문장을 생성
Repetition penalty	0~1	높을수록 중복 단어의 생성을 방지
Beam width	0~10	높을수록 다양한 문장을 생성
top-p	0~1	기존의 단어를 바탕으로, 상위 p%에 해당하는 후보를 선택, 값이 낮을수록 기존과 유사한 단어, 높을수록 다양한 단어를 생성
temperature	0~1	단어들의 확률 분포를 조절, 값이 높을수록 단어의 선택이 다양하며, 낮을수록 일관성 있는 단어를 생성

표 8.3 ChatGPT 하이퍼파라미터

8.4 이미지 생성형 인공지능 비교

구분	달리2 (DALL·E 2)	스테이블 디퓨전 (Stable Diffusion)	미드저니 (Midjourney)
개발사	• OpenAI	• Stability AI	• Midjourney
설치	• 웹으로 사용	• 설치버전과 웹버전	• 디스코드 서버 사용
요금제	• 매월 일정량 무료	• 무료	• GPU Time 충전 (최초 25분 무료)
장점	• 사용 방법 단순 • 고품질·다양한 이미지	• 소스코드 공개 • 세부적인 옵션 • img to img 지원 • 최대 8장 그림 생성 • 고품질·다양한 이미지	• 높은 이미지 퀄리티 • 업스케일링 가능 • img to img 지원 • 다른 사람의 그림을 보거나 변경 가능
단점	• 부분 유료	• 복잡한 설치 과정 • 생성시간 소요	• 채팅방 형식으로 혼잡 • 스타일 제한적
생성 이미지 비교(1)			
생성 이미지 비교(2)			

표 8.4 이미지 생성형 인공지능 비교

참고 문헌 _____

[1]   반병현. 부크크. 짧고 깊게 설명하는 ChatGPT,

[2]   반병현. 생능북스. 챗GPT 마침내 찾아온 특이점

[3]   변문경 외 4인. 다빈치books. ChatGPT 인공지능 융합 교육법

[4]   김준성, 유원준, 안상준. 위키북스. 진짜 챗GPT 활용법

[5]   김철수. 위키북스. 챗GPT와 업무자동화

[6]   앤미디어. 성안당. 챗GPT&AI 활용법

[7]   김태원. 한국지능정보사회진흥원. ChatGPT는 혁신의 도구가 될
       수 있을까? : ChatGPT 활용 사례 및 전망

[8]   김태현. ChatGPT 활용 방법 소개

[9]   ChatGPT: Bullshit spewer or the end of traditional
       assessments in higher education?, Journal of Applied
       Learning & Teaching, 2023

[10]   Takagi, Shinji Nishimoto, High-resolution image
       reconstruction with latent diffusion models from human
       brain activity, bioRxiv, 2022

[11]   진동수. 2021. 인공지능 챗봇의 성공과 실패에 미치는 요인에
       관한 연구

[12] Ciechanowski, L., Przegalinska, A., Magnuski, M., Gloor, P., 2019. In the shades of the uncanny valley: An experimental study of human‑chatbot interaction. Future Generation Computer Systems 92, 539‑548. https://doi.org/10.1016/j.future.2018.01.055

[13] EleniAdamopoulou. 2020. Chatbots: History, technology, and applications. Machine Learning with Applications., https://doi.org/10.1016/j.mlwa.2020.100006

[14] Bansal H., Khan R. A review paper on human computer interaction. International Journal of Advanced Research in Computer Science and Software Engineering, 8 (53) (2018), 10.23956/ijarcsse.v8i4.630

[15] Shawar B., Atwell E. Chatbots: Are they really useful? LDV Forum, 22 (2007), pp. 29-49

[16] Xu A., Liu Z., Guo Y., Sinha V., Akkiraju R. A new chatbot for customer service on social media. Proceedings of the 2017 CHI conference on human factors in computing systems, ACM, New York, NY, USA (2017), pp. 3506-3510, 10.1145/3025453.3025496

[17] Turing A.M. Computing machinery and intelligence. Mind, LIX (236) (1950), pp. 433-460, 10.1093/mind/LIX.236.433

[18] Weizenbaum J. ELIZA-A computer program for the study of natural language communication between man and machine. Commun. ACM, 9 (1) (1966), pp. 36-45, 10.1145/365153.365168

[19] Colby K.M., Weber S., Hilf F.D. Artificial paranoia. Artificial Intelligence, 2 (1) (1971), pp. 1-25, 10.1016/0004-3702(71)90002-6

[20]   Wallace R.S. The anatomy of a.l.I.C.e. Epstein R., Roberts G., Beber G. (Eds.), Parsing the turing test: philosophical and methodological issues in the quest for the thinking computer, Springer Netherlands, Dordrecht (2009), pp. 181-210, 10.1007/978-1-4020-6710-5_13

[21]   A Radford et al., 2018. OpenAI. Improving language understanding by generative pre-training

[22]   A Radford et al., 2019. OpenAI. Language models are unsupervised multitask learners

[23]   T Brown et al., 2020. Language models are few-shot learners

[24]   Long Ouyang et al., 2022. Training language models to follow instructions with human feedback

[25]   Ian J. Goodfellow et al., 2014. Generative Adversarial Networks

[26]   Ashish Vaswani et al., 2017. Attention Is All You Need

[27]   삼성SDS. 몇 년이 지나도 챗봇이 내 말을 못 알아 듣는 이유

[28]   최은창. AI 챗봇은 왜 실패하는가 : 이루다가 남긴 과제 I - MIT Technology Review.

[29]   서울디지털재단 ChatGPT 활용연구 TFT, 2023, ChatGPT 활용 사례 및 활용 팁

[30]   김종영, IBK투자증권, 2023, Chat GPT를 활용한 혁신적인 리서치 방법론과 활용사례 분석

[31]   최인선, 채은선, 이정연, 김희진, 김형준, ChatGPT 등장과 법제도 이슈, 2023, 한국지능정보사회진흥원

[32]   일잘러 장피엠, https://www.youtube.com/@jangpm

[33]   타이탄, https://www.youtube.com/@titanletsgo

[34] BridgeTV, https://www.youtube.com/@BridgeTVKorea

[35] daewoo kim 블로그, GPT-1부터 ChatGPT까지… 그리고 GPT-4에 대한 전망

[36] easter324 블로그, GPT-3 vs GPT-3.5 vs ChatGPT

[37] aqaqsubin 블로그, Transformer, Attention Is All You Need

[38] 홍성진님의 블로그, https://seongjin.me/about/

[39] ChatGPTers커뮤니티, https://www.chatgpters.org/c/notice/chatrooms

[40] LearnGPT, https://www.learngpt.com/

[41] AwesomeChatGPTPrompts, https://prompts.chat/

찾아보기

Z

번호

ChatGPT로 시작하는 대화형 인공지능 활용법

발 행 | 2023년 5월 31일

지은이 | 김 상 윤

펴낸이 | 권 성 준
편집장 | 황 영 주
편 집 | 김 진 아
　　　　임 지 원
디자인 | 윤 서 빈

에이콘출판주식회사
서울특별시 양천구 국회대로 287 (목동)
전화 02-2653-7600, 팩스 02-2653-0433
www.acornpub.co.kr / editor@acornpub.co.kr

책값은 뒤표지에 있습니다.